सिंहापुरा

सिंगापुर से साझा काव्य-संग्रह

सिंहापुरा

द्वीप देश की प्रवासी कविता

सम्पादक
चित्रा गुप्ता
संध्या सिंह

वाणी
प्रकाशन

प्रकाशन के उत्कृष्टतम 63 वर्ष

पेपरबैक पहला संस्करण : 2025
पेपरबैक दूसरा संस्करण : 2026

vaniprakashan.com

वाणी प्रकाशन
4695, 21-ए, दरियागंज, नया दिल्ली-110 002
फ़ोन : + 91 11 23273167, 23275710
शाखाएँ
अशोक राजपथ, पटना-800 004, बिहार
कॉफ़ी हाउस कैम्पस, महात्मा गांधी मार्ग, प्रयागराज-211 001, उत्तर प्रदेश
महात्मा गांधी अन्तरराष्ट्रीय हिन्दी विश्वविद्यालय, वर्धा-442 001, महाराष्ट्र
sales@vaniprakashan.in
vaniprakashan@gmail.com

Sinhapura : Dweep Desh ki Pravasi Kavita
Edited by Chitra Gupta, Sandhya Singh

ISBN : 978-93-6944-838-8
Poetry Collection

मूल्य : ₹ 499

आर. टेक ऑफ़सेट प्रिंटर्स, दिल्ली-110032 में मुद्रित

वाणी प्रकाशन का लोगो मक़बूल फ़िदा हुसैन की कूची से

शुभकामना सन्देश

डॉ. शिल्पक अम्बुले
भारतीय उच्चायुक्त, सिंगापुर

अनुक्रम

रत्नेश पाण्डेय

रीता पाण्डेय

रीना दयाल

वन्दना सिंह

विनोद दुबे

शान्ति प्रकाश उपाध्याय

शार्दुला झा नोगजा

शीतल जैन

स्मिता विवेक कुंवर

भूमिका

सिंगापुर का प्रवासी साहित्य अभी अपनी युवावस्था में है और तीव्रता से विकास कर रहा है। इसकी बेलें साहित्य की विविध विधाओं की हर टहनी से लिपटती हुई आगे बढ़ रही हैं। पिछले कुछ वर्षों में प्रवासी साहित्य में सिंगापुर के कवियों ने अपनी पैठ बनानी शुरू की है और आज विश्व का लगभग हर मंच सिंगापुर के कवियों की रचनाओं से झंकृत हो रहा है। सिंगापुर के इसी नये प्रवासी काव्य-लेखन को विस्तृत समाज से जोड़ने का ध्येय इस पुस्तक की प्रेरणा है।

कहते हैं न, हर चीज़ के लिए नियत समय होता है और सम्भवत: यही समय है जब सिंगापुर के कवियों के रचना-संसार में विविधता को इस संग्रह के माध्यम से देखा जा सके। इन अभिव्यक्तियों में कहीं देश की याद है तो कहीं प्रवास की महक, किसी ने भोजन को माध्यम बनाया है तो किसी ने अपने कक्ष को माध्यम बनाकर अपनी भावनाएँ प्रकट की हैं। कहीं बोलियों के रस-भरे रिश्ते को भाषाई आवरण में जोड़ने की सुन्दर चेष्टा है, कहीं ईश्वर से वार्तालाप है तो कहीं स्मृति से स्मृति में प्रवेश करने का भाव। कहीं उम्मीद की क़लम ने अन्तरात्मा से साक्षात्कार कराया है तो कहीं नारी व प्रेम की धाराएँ फूटी हैं। विषय, भाव, काव्य-विधा, लेखन शैली विविधता से भरे हैं जो इस छोटे-से देश में अपरिमित सम्भावनाओं के संसार की ओर इंगित कर रहे हैं। ये कविताएँ अपने शब्दों के माध्यम से संवेगों और भावों को बयाँ करने में समर्थ हैं।

इस संग्रह में 27 कवियों को जोड़ना अपने आप में अद्‌भुत घटना है क्योंकि इससे पहले सिंगापुर के इतने कवियों को जोड़कर कोई संग्रह नहीं आया है। इनमें ज़्यादातर कवि युवा हैं, और युवा मन रचनात्मकता में विचरण करता है, कुछ अलग लिखने का प्रयास करता है। यह तथ्य

भी ध्यान देने योग्य है कि हाल के वर्षों में भारत में प्रवासी साहित्य के प्रति रुझान अधिक बढ़ा है और ऐसे में यह संग्रह पाठकों, अध्यापकों, चिन्तकों और शोधकर्ताओं के लिए महत्त्वपूर्ण साबित होगा और प्रवासी साहित्य के चित्र को पूरा करेगा। यह दक्षिण-पूर्व एशिया के इस द्वीप देश के रचना-संसार और रचना-प्रक्रिया को जानने का अवसर प्रदान करेगा और इस धारणा को ध्वस्त करने में महत्त्वपूर्ण भूमिका निभायेगा कि इस क्षेत्र में साहित्य-सृजन नहीं होता। यह साहित्यिक संवाद हिन्दी की वैश्विक अस्मिता को सुगठित करने में भी अपना अंश देगा।

इस पुस्तक के मूर्त रूप में आकार पाने में सबसे बड़ी भूमिका वाणी प्रकाशन की रही है, जिसके लिए मैं हृदय से आभार प्रकट करती हूँ। चित्रा जी के सहज साथ के लिए हार्दिक आभार और सिंगापुर के सभी रचनाकारों को धन्यवाद देते हुए शुभकामनाएँ प्रेषित हैं। उनकी साहित्यिक यात्रा अनवरत चलती रहे और देश-परदेश में ख्याति प्राप्त करती रहे, यही कामना है!

सधन्यवाद

–डॉ. संध्या सिंह

सम्पादकीय

कोरोना महामारी का सम्पूर्ण विश्व में फैल जाना निश्चय ही दुखद था। विद्यालय, विश्वविद्यालय, कार्यालय, खाने–पीने और मनोरंजन के स्थान सबको संक्रमण के भय से सरकार द्वारा बन्द करने की घोषणा कर दी गयी। सब गतिविधियाँ तकनीक के माध्यम से हो रही थीं। इसी समय रचनाकारों ने भी एक सकारात्मक राह ढूँढ़ ली। तकनीक का रचनाकारों ने भी लाभ उठाया। राष्ट्रीय और अन्तरराष्ट्रीय गोष्ठियों ने आभासी मंच पर धूम मचा दी। सिंगापुर में रह रहे अनेक कवियों के साथ आभासी मंच पर अनेक गोष्ठियों में कविता वाचन का मुझे भी सुअवसर प्राप्त हुआ। इस छोटे-से द्वीप में अनेक प्रतिभावान कवि तथा कवयित्रियों से परिचय हुआ, उनको सुनने का आनन्द मिला, यह अत्यधिक सुखद अनुभव था।

'सिंहापुरा' काव्य-संग्रह में कुछ रचनाकार नये हैं और कुछ अनुभवी हैं। सभी ने अपनी भावाभिव्यक्ति के साथ पूरा न्याय किया है। इस संग्रह में विभिन्न व्यावसायिक क्षेत्रों से जुड़े रचनाकार हैं, उनके अनुभव और कार्यों की छाया उनकी कविताओं में परिलक्षित होगी। समसामयिक विषयों पर कवि तथा कवयित्रियों ने अपनी लेखनी चलायी है। पाठक वृन्द काव्य पुस्तिका में रचनाकारों की प्रतिभा और कल्पनाशीलता से, रचनाओं के माध्यम से परिचित होंगे और काव्य का रसास्वादन करेंगे। विषयों की एवं शिल्प की विविधता यहाँ पढ़ने को मिलेगी। कविताओं में अनेक रसों एवं भावों का समावेश है। कुछ कवियों की कविताओं को सम्भवतः प्रथम बार पुस्तक के रूप में प्रकाशित किया गया है, जो उनके लिए पाठक वर्ग तक पहुँचने में एक सुगम मार्ग सिद्ध हो सकता है। कविताओं के पीछे हिन्दी भाषा के विकास और उन्नति की भावना छिपी है। कविताओं के माध्यम से हिन्दी भाषा का विकास निश्चित है, मैं ऐसा

मानती हूँ। यह काव्य-संकलन सरल भाषा में है। किशोर और युवा इसे आसानी से समझ सकते हैं। यह किशोरों और युवाओं को हिन्दी भाषा के प्रति लगाव पैदा करने का एक लघु प्रयास है। यह काव्य-संकलन हिन्दी साहित्य को लोकप्रिय करने का एक स्वप्न है एवं एक यह भी भरोसा है कि हिन्दी कविता का भविष्य नये उत्साही और मँजे हुए रचनाकारों के साथ उज्ज्वल है। हम आशा करते हैं कि 'सिंहापुरा' काव्य-संग्रह को जहाँ–जहाँ भी हिन्दी भाषी प्रेमी हैं, वहाँ-वहाँ इसे सराहना मिलेगी।

नेशनल यूनिवर्सिटी ऑफ़ सिंगापुर की भाषा विभागाध्यक्ष डॉ. संध्या सिंह जी के मन में विचार आया कि सिंगापुर के अनुभवी और उदीयमान कवि–कवयित्रियों की कविताओं को संकलित कर एक काव्य-संकलन तैयार किया जाये। उन्होंने मेरे समक्ष सम्पादन-कार्य करने का प्रस्ताव रखा, साथ ही सहयोग देने का भी आश्वासन दिया। मैंने सहर्ष स्वीकृति दी। मैं डॉ. संध्या सिंह जी का हार्दिक धन्यवाद करती हूँ जिन्होंने मुझ पर विश्वास कर यह कार्य सौंपा।

–चित्रा गुप्ता

✍ डॉ. अंकुर गुप्ता

कह दो कि तुम कश्मीर हो

कह दो कि तुम कश्मीर हो
हसरत की ज़ंजीर हो या ख़्वाबों की तस्वीर हो
लगती हो जो जन्नत से हसीं, कह दो कि तुम कश्मीर हो...

आँखों में डल झील लिये, पलकों के शिकारे खोलती हुई
निषाद बाग़ में फूल से होंठ, सन्तूर की धुन में बोलती हुई
सोनमर्ग में खिली धूप सारंग, रावी और चेनाब का नीर हो
लगती हो जो जन्नत से हसीं, कह दो कि तुम कश्मीर हो...

पहलगाम-सी रौनक चेहरे पे, गुलमर्ग की लाली गालों में
मुड़ेनुबरा घाटी तेरी गर्दन पे, अहरबाल-सा झरना बालों में
शालीमार बाग़-सी शानदार, खिलनमर्ग-सी बेनज़ीर हो
लगती हो जो जन्नत से हसीं, कह दो कि तुम कश्मीर हो...

चश्मे-शाही-सा शाही अन्दाज़ है और सीरत कढ़ाई कशीदा-सी
करूँ दीदार जैसे सिन्धु दर्शन का और सोच चन्दनवाड़ी संजीदा-सी
तेरा ज़ायक़ा यखनी पुलाव-सा, तुम शीरमल और चमन पनीर हो
लगती हो जो जन्नत से हसीं, कह दो कि तुम कश्मीर हो...

तेरा अंग रेशम पश्मीने-सा, तू फिरन-सी दे गरमाहट भी
तू कहवा ठण्डे मौसम में, रुई-सी बर्फ़ की आहट भी
तुम मन्दिर देवी खीर भवानी का और हज़रतबल सूफ़ी पीर हो
लगती हो जो जन्नत से हसीं, कह दो कि तुम कश्मीर हो...

स्वतन्त्र है वो

मेरे चिन्तन मेरे मनन का मन्त्र है वो
मेरे भजन मेरे सृजन का यन्त्र है वो
वो कल्पना में मेरी है मेरा ही रूप
यथार्थ के धरातल पर स्वतन्त्र है वो

हो स्वयं से स्वर उदय वो गीत रहूँगी
प्रेम प्रण नहीं भावना से मीत रहूँगी
स्वतन्त्र रहूँगी केवल निर्वाण तक मैं
हाँ, गोलोक में कान्हा की प्रीत रहूँगी

बन्धन देह का तो क्षणिक है नश्वर है
मन से सम्बन्ध अमरता का अवसर है
अब भूलोक हो स्वर्ग या वैकुंठ चाहे
दो आत्माओं के मिलन का परिसर है

कामना को चेतना में परिवर्तित कर दिया
प्रियतमा, तुमने प्रेम को गर्वित कर दिया
दोनों केवल अणु हैं एक ही प्रभु के कण
प्रभु का कण प्रभु को समर्पित कर दिया

ख़्वाहिशें वही सपने वही साल नया है

ख़्वाहिशें वही सपने वही साल नया है
जादूगर वही तमाशाई वही कमाल नया है
भीड़ वही मुलज़िम वही बवाल नया है
तारीख़ें बदलती हैं यारो, दिल बहलाने को
ख़्वाहिशें वही सपने वही साल नया है

गवाह वही जवाब वही सवाल नया है
स्वाद वही बासी कढ़ी वही उबाल नया है
गुज़रे सालों से मैंने बस सीखा यही है
ख़्वाहिशें वही सपने वही साल नया है

समन्दर वही लहरें वही उछाल नयी है
आँखें वही आँसू वही रूमाल नया है
कितना बदलूँ मैं हालात भी बदलो मेरे
ख़्वाहिशें वही सपने वही साल नया है

लफ़्ज़ वही धुन वही ख़याल नया है
कमी वही बेचैनी वही मलाल नया है
खोया रहने दो मुझे वक़्त की धुँध में
ख़्वाहिशें वही सपने वही साल नया है

होली वही हमजोली वही गुलाल नया है
पंछी वही सैयाद वही जाल नया है
फिर से चल पड़ूँगा नयी उम्मीद के सहारे
ख़्वाहिशें वही सपने वही साल नया है

रिश्ते मन से बनते हैं

रिश्ते मन से बनते हैं
रस दिखना चाहिए सिर्फ़ रस्म निभानी नहीं होती
क़ीमती दिल से मानो क़ीमत दिखानी नहीं होती
न सिर्फ़ मैं न सिर्फ़ तुम ये 'हम' ढूँढ़ते हैं
रिश्ते मन से बनते हैं इसमें मनमानी नहीं होती

डोरी से बँधे जुड़े इक डोर से,
ताकें दूर से अपने-अपने छोर से
ख़त भरा है मैंने प्यार से
प्यार प्यार है उसकी निशानी नहीं होती
रिश्ते मन से बनते हैं इसमें मनमानी नहीं होती

साथ देना ऊँचाई हो या ढलान भी,
पुराना दर्द हो या नयी नवेली मुस्कान भी
आँखें पढ़ना आता हो तो सब दिखता है,
दुखती रग सबकी है पर दुखानी नहीं होती
रिश्ते मन से बनते हैं इसमें मनमानी नहीं होती

गिले-शिकवे भी आयेंगे पर बहाते रहना,
माफ़ कर देना या माफ़ी माँग लेना,
नेकियाँ याद रखना बदी भुलाते रहना
सामान हल्का हो तो सफ़र में परेशानी नहीं होती
रिश्ते मन से बनते हैं इसमें मनमानी नहीं होती

कल मंज़िल मिलेगी...आज रस्ता ज़रूर

कल मंज़िल मिलेगी...आज रस्ता ज़रूर
हर साँस कहे अब ज़िन्दा हूँ मैं
मेरा आसमाँ बुलाये परिन्दा हूँ मैं...
जाना है दूर...बहुत दूर
कल मंज़िल मिलेगी...आज रस्ता ज़रूर

खुली आँखों से सोया हुआ था, मैं अपनी धुँध में खोया हुआ था
फिर धीरे से अन्दर हलचल हुई, सोयी नदी में कलकल हुआ
मेरे क़दमों की धमक से राहें खुलीं, नज़र में चमक से परछाइयाँ धुलीं
मेरे माथे पड़ी सहर की किरण, आईना कहे तू बन में हिरण
एक लम्बी छलाँग की तैयारी में हूँ, मैं फ़लक लाँघने की ख़ुमारी में हूँ
प्यादों की भीड़ में बाशिन्दा हूँ मैं, हर साँस कहे अब ज़िन्दा हूँ मैं
मेरा आसमाँ बुलाये परिन्दा हूँ मैं...
जाना है दूर...बहुत दूर
कल मंज़िल मिलेगी...आज रस्ता ज़रूर

कैसे बताऊँ जो मन में उमड़ रहा है, शायद मुझे मेरा नशा चढ़ रहा है
रंग ऐसे भरूँ तस्वीरें बदल दूँगा, मुट्ठी बाँध लूँ तो लकीरें बदल दूँगा
समन्दर मेरे जिगर से आँक लेना, सितारे मेरी आँखों में झाँक लेना
मन बेताब है आग़ाज़ कर, हवा चल पड़ेगी परवाज़ कर
जहाँ हौसले मेरी दास्ताँ लिखेंगे, वहीं कामयाबियों के निशाँ दिखेंगे
इस मुक़द्दर के खेल में कारिन्दा हूँ मैं, हर साँस कहे अब ज़िन्दा हूँ मैं

मेरा आसमाँ बुलाये परिन्दा हूँ मैं...
जाना है दूर...बहुत दूर
कल मंज़िल मिलेगी...आज रस्ता ज़रूर

✍ अदिति अरोरा

अहंकार-आस्तीन का साँप

कल मुझे अपने भीतर
अहंकार से साक्षात्कार हुआ।
गहरे दल-दल में धँसी हुई थी
उसका कल एहसास हुआ।

अहंकार की प्रथम आहट पर ही
काश! उसको पहचान जाती मैं
अन्दर आने से पहले ही
द्वार को बन्द कर पाती मैं।

अहंकार क्या आया भीतर
स्पर्धा और ईर्ष्या भी उठीं जाग
घृणा और वैमनस्य के हुये जन्म
दया, प्रेम और मधुरता सब गए भाग।

करती जितनी तुष्टि मैं अहंकार की
पुष्ट उतना ही वो होता जाता
करता और भी प्रेरित मुझको
फन फैलाये और बढ़ता जाता।

पालती गयी मैं इस सर्प को भीतर
पूरा विषाक्त मुझे इसने कर डाला
होता रहा यह बड़ा दिन-प्रतिदिन

पर छोटा मुझे कर डाला।
नाचते हैं साँप, बीन पर सपेरे की
पर था नचा रहा मुझे बन सर्प
हो गयी खोखली मैं पूरी
खा रहा था मुझे मेरा ही दर्प।

कुचल दिया कल उसका फन मैंने
जैसे ही उसका आभास हुआ
आ गये दया, प्रेम और मधुरता वापस
कल अन्तर में मेरे पर्व हुआ।

रहना सजग तुम भी प्रतिक्षण
और करते रहना छानबीन
अहंकार का कोई सर्प भीतर
कहीं बजा रहा हो अपनी बीन

साँप-सीढ़ी का खेल
एक दर्शन इस जीवन का
कभी साँप के डसने का डर
कभी आनन्द सोपान चढ़ने का

अनजान भविष्य की ओर
फेंकते जाते हैं पासा
रखते हैं गिन-गिनकर क़दम
बस विजयी होने की आशा

खेल रही थी कल मैं यह खेल
अपनी प्यारी बिटिया के साथ
कभी वह ऊपर, कभी मैं ऊपर
और कभी हम दोनों साथ-साथ

बिटिया बहुत ऊँचाई पर थी
अपनी विजय के बहुत निकट
फेंका उसने पासा अपना
डस गया गोटी को एक साँप विकट

ले आयी अनमनी-सी
वह अपनी गोटी नीचे
नेत्रों में अश्रु-जल भरे हुए
रुक गई सर्प की पूँछ के पीछे

देखा मैंने उसकी आँखों में
कहा, खेल समाप्त नहीं हुआ अभी
गिर गये एक बार नीचे तो क्या
है बची उम्मीद की किरण अभी

फेंका पासा मैंने अपना फिर
डस गया निन्यानवे का साँप मुझे
थी मैं बिटिया से भी नीचे अब
कहा उससे अब पासा फेंको आप

पासा क्या फेंका अब उसने
उसका भाग्य चमक उठा
आया एक अंक उसके पासे पर
खेल सारा पलट गया

उसकी गोटी से अगले खाने में ही
थी सौ तक की सीढ़ी लगी हुई।
पहुँच गयी सीधी गन्तव्य तक
सभी सर्पों के ऊपर से होती हुई

ऐसा ही तो होता है जीवन में
नहीं रहता सदैव वक़्त एक समान
कभी असफलता का करते सामना
और कभी चढ़ते सफ़लता के सोपान

विविधता में एकता

मसाल दान में रखे मसाले
सब सीमा में बद्ध अपनी-अपनी
हैं सबके अपने-अपने गुण
और सबकी उपयोगिता अपनी-अपनी
ना किसी को किसी से शिकायत
ना किसी की किसी से शत्रुता
दिखाई देती है मसालदान में
उन सबकी यह एकता
रंग भिन्न, सुगन्ध भिन्न
भिन्न प्रभाव और प्रकृति भी भिन्न
सबका उद्देश्य एकमात्र यही मन में
अपनी सार्थकता को सिद्ध करें भोजन में
काश, हम भी मसालदान के मसालों से
कुछ सीख पाते
और मिलजुलकर एक साथ
अपने-अपने जीवन की सार्थकता को
सिद्ध कर पाते

दर्द चाय का

प्रायः सोचती हूँ
क्या मैं वास्तव में इतनी बुरी हूँ
क्यों मुझे भला-बुरा कहा जाता है
क्यों मेरे अस्तित्व पर प्रश्न किया जाता है
ऐसा क्या पाप कर दिया मैंने
जो मुझसे दूर रहने को कहा जाता है
मुझे तोड़ते हो, फिर सुखाते हो
डिब्बों में बन्द कर, इधर-उधर घुमाते हो
मैं तो भोली-भाली-सी
जो कुछ कहते हो सुन लेती हूँ
कोई प्रतिकार नहीं करती
तुम्हारी पसन्द का रूप ले लेती हूँ
काली रखो तो काली ही सही
प्यार से मलाई मार दो तो वो भी सही
शक्कर, बिना शक्कर, या कृत्रिम मिठास
अदरक, इलायची या दालचीनी हो पास
यद्यपि काली मिर्च से डरता है मन मेरा
उसके तीखेपन से जलता है तन मेरा
काढ़ा बनाते हो तो वो भी बन जाती हूँ
यहाँ तक कि नींबू की खटास भी सह जाती हूँ
कुल्हड़, कप या हो गिलास
हर तरह मन जीतने का मैं करती प्रयास

वर्षा के मौसम में देती पकौड़ों का साथ
सर्दी की रज़ाई में काजू-बादाम के साथ
सिर दर्द में भी मुझे ही पकाते हो
ज़रूरत में दवाई भी मुझे बनाते हो
भई हर चीज़ में गुण-दोष दोनों होते हैं
मुझसे बस नुक़सान नहीं, फ़ायदे होते हैं
अब कैसे बनाते हो, कैसे पीते हो
रात को भरे पेट या सुबह ख़ाली पेट पीते हो
दालबीजी, भुजिया, मठरी या समोसे
रसगुल्ले, गुलाबजामुन जो भी परोसें
मैं बिल्कुल नादान और भोली-भाली हूँ
पाँच सितारा होटल में मैं पाँच सौ की
और नुक्कड़ की ठेली पर दस रुपयेवाली हूँ
मेरी हाथ जोड़कर विनती है सबसे
मुझे भला-बुरा मत कहना
यदि तुम्हें नहीं पीना तो मत पीना
पर जिनके दिलों में रहती हूँ उनको तो पीने देना

छोटी-छोटी ख़ुशियाँ

सर्दियों की ठिठुरती रात में
मुलायम रेशमी रज़ाई में बैठकर
गरम चाय के प्याले के साथ
करते थोड़ी-सी गपशप तुम...
मैं बस उसमें ही ख़ुश हो जाती

सावन की काली घटाओं के बीच
रिमझिम-रिमझिम-सी बारिश में
हौले-से मेरा हाथ थामकर
भीगने चलते यदि छत पर तुम..
मैं बस उसमें ही ख़ुश हो जाती

गरमी की चिलचिलाती दोपहर में
एक ही छाते के अन्दर
सड़क के किनारे खड़े होकर
खाते यदि बर्फ़ का गोला साथ तुम...
मैं बस उसमें ही ख़ुश हो जाती

रसोई में खाना पकाते समय
गूँधती जब आटा मैं
कड़ाही में कलछी चलाने के बहाने
एक बार बस मेरे पास आ जाते तुम...
मैं बस उसमें ही ख़ुश हो जाती

काम पर जाने के लिए
नहाने जाती जब मैं अन्दर
रख जाते अपनी पसन्द की एक साड़ी
यदि धीमे से कमरे में आकर तुम...
मैं बस उसमें ही ख़ुश हो जाती

कभी-कभी जब बाहर जाते
और लौटकर जब वापस आते
गुब्बारेवाले उस भैया से यदि
एक गुलाबी गुब्बारा ले आते तुम...
मैं बस उसमें ही ख़ुश हो जाती

दोनों ही आधे-आधे हम हैं,
अपने-अपने दोनों के ग़म हैं
फिर भी कभी-कभी यदि
एक साथ ठहाके लगाते हम
हो सकता है उसमें ही दोनों ख़ुश हो जाते हम

आत्मस्वरूप

स्वर्ण को ऊष्मा से गलाकर
साँचे में डाला गया,
अनगिनत आभूषणों में
बार-बार ढाला गया।
कभी गले का हार तो
कभी हाथों के कंगन,
कभी उँगलियों की अँगूठी
कभी कानों के झूमर।
पुनः-पुनः पिघलता रहा वह
लेता रहा नये-नये रूप,
पर एक सत्य जो नहीं बदला था
वह था स्वर्ण का निज स्वरूप।
क्या हमने देखा उस स्थायी स्वरूप को?
विभिन्न आभूषणों के अन्दर?
या खो गये रूप की विभिन्नता में
और करते रहे भेद-अन्तर।
तू और मैं के इस अंधकार में
भूल गये अपना ही रूप,
स्वर्णिम तेज प्रकाश है सबमें
चिर स्थायी आत्मस्वरूप।
बस एक बार गलकर तो देखो
हो जायेगा ज्ञान तभी,
जो मुझमें है वह ही सबमें है
फिर मिट जायेंगे भेद सभी।

✍अनिल कुलश्रेष्ठ

उम्मीदें और मौत

सुना है
आदमी उम्मीदों पर ज़िन्दा है
शायद सच हो यह धारणा
परन्तु अनुभव बताता है–
मार भी देती हैं उम्मीदें

उम्मीदें, जो बिखर जाती हैं
उम्मीदें, जो टूट जाती हैं/अपनों से
वे ले जाती हैं आदमी को/धीमे-धीमे
उस स्थिति की ओर/जिसे मौत कहते हैं

ज़रूरी नहीं है कि,
मौत के लिए साँस रुक जाये/धड़कन थम जाये
टूटी हुई उम्मीदें वहाँ ले जाती हैं
जहाँ जीवन की समाप्ति होती है/जीते जी

महत्त्व इस बात का है
कि उम्मीद/जो टूटी है
उसका दूसरा छोर किसके हाथ में था

दूसरे छोर को थामने वाला हाथ
जितना क़रीब होगा
उतनी ही शीघ्रता से लायेगा/वह स्थिति
जिसे मौत कहते हैं/जीते जी

ग़ज़ल

फ़िक्र क्यूँकर है, कैसा रोना है
जो भी होना है वो ही होना है

फ़स्ल बेशक़ न हाथ में तेरे
बीज मिट्‌टी में फिर भी बोना है

आलमे-तीरगी[1] में याद तेरी
करती रौशन हरेक कोना है

जो सलीबें बनाई हैं तुमने
अपने कान्धों पे ख़ुद ही ढोना है

यार दर्‌या के घाट पर ले चल
दाग़ दामन का मुझको धोना है

इश्क़ को यू 'अनिल' समझ पाये
उसको पाना है ... ख़ुद को खोना है

---

1. अँधेरा।

ग़ज़ल

क्या फ़िक्र, बवन्डर हैं
हम मस्त कलन्दर हैं

रहते हों भले हद में
भीतर से समन्दर हैं

दिल चाक़ हुआ जाये
नज़रें हैं कि ख़ंजर हैं

दरिया के किनारे भी
पाओगे कि बंजर हैं

मौक़ूफ़[1] है सब तुम पर
हर क़िस्म के मंज़र हैं

हैं वो ही हर इक जानिब
बाहर भी हैं, अन्दर हैं

1. निर्भर।

निर्भर

शेर भी पुरअसर नहीं होते
आप उनमें अगर नहीं होते

ज़िन्दगी चाहे चार दिन की हो
ग़म कभी मुख़्तसर[1] नहीं होते

ज़िन्दगी किस तरह बसर होती
दोस्त गर मोतबर[2] नहीं होते

राज़ रखना न कुछ बुज़ुर्गों से
वो कभी बेख़बर नहीं होते

राह होती न इस क़दर रौशन
आप जो हमसफ़र नहीं होते

इश्क़ में 'आप' और 'मैं' दोनों
यूँ तो होते हैं, पर नहीं होते

---

1. कम ; 2. विश्वस्त।

ग़ज़ल

ख़ुदा तौफ़ीक़ दे मुझको कि जो लिक्खूँ सहल[1] लिक्खूँ
मैं पानी को लिखूं पानी उसे क्यों आब ओ जल लिक्खूँ

सवालों से घिरा हूँ पर बताने से भी क्या हासिल
जहाँ तक हो सके मुझसे सवालों का मैं हल लिक्खूँ

ग़ज़ल है नाम बेशक औरतों से गुफ़्तगू का ही
नहीं है मर्तबा[2] इतना कि औरत पर ग़ज़ल लिक्खूँ

रज़ा तेरी जो हो मौला उसी में रह सकूँ राज़ी
तेरे लिक्खे को हक़ समझूँ मैं क्यों रद्दो-बदल लिक्खूँ

क़लम की ख़ूबियों का क़र्ज़ होगा तब अदा मुझसे
किसी की ज़िन्दगी में गर ख़ुशी के चन्द पल लिक्खूँ

---

1. आसान; 2. श्रेणी, प्रतिष्ठा।

अनुसूया साहू

अब न हो विचलित ये मन

पढ़े हैं तूने पाठ कई,
हुए तुझे एहसास कई,
न ख़ुद को भूल न सुख को भूल,
रह गया तेरा घर-बार कहीं।
अब न हो विचलित यह मन।

दुनिया क्या कहती, क्या करना तुझे,
झूठ बोलती, न सहना तुझे।
रब की सौ हैं, चुप रहना तुझे,
धूप में भी धीरे चलना तुझे।
कह दे अब न रहना तुझे,
छोड़ यही बस अब उड़ना तुझे।
अब न हो विचलित मन ।

तन के रिश्ते मैले हैं,
अब धोने हैं पाप कई,
रूखी–सूखी खाकर भी,
मस्ती में तू रह कहीं,
झूम–झूमकर चलता जा,
कोई साथी तेरे साथ नहीं।
अब न हो विचलित मन।

रख प्यार की गगरी सिर,
रुक जाना तेरा काम नहीं।
क्या तुझको अपनी ख़बर नहीं,
संगीत के सुर तब ताल मिले,
सब सुर फीके जब जाल कटे,
कह दे तू अब ये ख़ुद से ही,
अब ना हो विचलित मन।

जन्मों की यही कहानी है,
नर-नारी, पशु-पक्षी,
ढूँढ़े अन्न, जल पी–पी पेट भरे,
अलगाव की पाटी मिट जाये,
कर्म का रुख़ भी खिल जाये।
कमर सीधी रखने की ठानी है।
अब ना हो विचलित ये मन।

शान्त तो अब तू होगा ही,
जब मिट्टी तेरी घुल जानी है।
समझा नहीं यह राह कौन सी,
हर पल एक नयी कहानी है,
कहता जाऊँ सब कुछ मैं,
क्या पता ये किसकी बानी है।
अब ना हो विचलित ये मन।

समय और शब्द

जीवन के दो अंग समय और शब्द,
करो ना लापरवाही,
ये न मौक़ा देते दोबारा।
संग ले जाते अपने साथ
तुम्हारा मान-सम्मान सुकून सारा,
बोलो सोच-विचारकर ,
सही समय पर सही शब्द करते प्रभाव।
न करो लापरवाही,
ये न मौक़ा देते दोबारा।

शब्दों की पीड़ा न पसन्द तुम्हें,
न करो चयन किसी के लिए,
छोड़ा तीर कमान से,
क्या आया पलटकर दोबारा?
शब्दों का चयन सिखलाये,
लोगों के हृदय के कम्पन का इशारा,
न करो लापरवाही,
ये न मौक़ा देते दोबारा।

समय बड़ा बलवान है,
समय बड़ा मूल्यवान है।
व्यर्थ कार्यों में न ख़र्च करो।

पूर्ण करो कार्य जो उन्नति की हो धारा,
सच्ची ख़ुशी मिलेगी ऐसे ही ,
आनन्द मिलेगा रसवाला,
न करो लापरवाही,
ये न मौक़ा देते दोबारा।

गर्व हो तुम्हारे अपनों को तुम पर,
कर लो वर्तमान मज़बूत,
सम्भावनाएँ खुलती हैं कामयाबी की,
समय के साथ चलकर,
शब्दों के टंकार पर,
कह दो मंज़िल से, शीघ्र मिलेंगे,
परिस्थितियों से कभी भी न हारा।
न करो लापरवाही,
ये न मौक़ा देते दोबारा।

न झाँको किसी के जीवन में,
राह अलग है, सबकी यहाँ,
भीड़ का हिस्सा न बनना तुम,
दौड़ अलग है, सबकी यहाँ।
जब नज़र रहेगी सब की बातों में।
ध्यान हटेगा, मान घटेगा,
कैसे बनोगे तुम सितारा?
न करो लापरवाही,
ये न मौक़ा देते दोबारा।

निर्धारित लक्ष्य तुम करो।
प्रेरणादायक कार्य करो,
लोगों का उद्धार करो,
सार्थक हो जीवन तुम्हारा,

ख़ुद पर तुम विश्वास करो।
दुनिया सुने तुम्हारे शब्द,
कह दो मैंने है ललकारा।
न करो लापरवाही,
ये न मौक़ा देते दोबारा।

मुझे मत रोको

मुझे मत रोको,
मुझे मत टोको,
कुछ उग रहा है मस्तिष्क में मेरे,
जब तक इस फ़सल को काट न लूँ,
मुझे मत रोको।

विचारों का झुण्ड है,
सुरों का ताज है,
अन्दर जो जल रही,
कैसी ये आग है।
जब तक इस आग को बुझा न लूँ,
मुझे मत रोको।

कुछ शान्त-सा कुछ अशान्त-सा,
कुछ श्वेत-सा कुछ श्याम-सा,
विचारों के इस ढेर को,
जब तक सब तक पहुँचा ना दूँ,
मुझे मत रोको।

समय की सीमा अनन्त है,
जीवन की अवधि का अन्त है,
सुन्दर कर्मों का चित्र बनाना है,

जब तक चित्र बना ना लूँ,
मुझे मत रोको।

प्रकृति को सजाना है,
प्रभु का क़र्ज़ चुकाना है,
पक्षियों का घर बसाना है,
ठण्डी हवाओं का रुख़ मोड़ना है,
भीतर के अहंकार को तोड़ना है,
जब तक इसे मैं तोड़ न लूँ,
मुझे मत रोको।

शुक्रिया इस ब्रह्माण्ड का,
शुक्रिया सर्वशक्तिमान का,
शुक्रिया माता-पिता की आन का,
जब तक शुकराना कर न लूँ,
मुझे मत रोको।
मुझे मत रोको।

घटना और जन्म

इतिहास गवाह है इस दुनिया में जब-जब कुछ घटा है,
तब-तब किसी न किसी का जन्म अवश्य हुआ है।

जब पुण्य घटा तब पाप का जन्म हुआ,
जब अपराध घटा तब नियमों का जन्म हुआ,
जब प्रेम घटा तब शिशु का जन्म हुआ,
जब सुख घटा तब मनोरंजन का जन्म हुआ,
जब दुःख घटा तब विचारों का जन्म हुआ।

इतिहास गवाह है इस दुनिया में जब-जब कुछ घटा है,
तब-तब किसी न किसी का जन्म अवश्य हुआ है।

जब समझ घटी तब भाषा का जन्म हुआ,
जब अंक घटे तब गणित का जन्म हुआ,
जब आविष्कार घटा तब विज्ञान का जन्म हुआ,
जब अतीत घटा तब इतिहास का जन्म हुआ,
जब शून्य घटा तब ब्रह्माण्ड का जन्म हुआ।

इतिहास गवाह है इस दुनिया में जब-जब कुछ घटा है,
तब-तब किसी न किसी का जन्म अवश्य हुआ है।

सुनिए सबकी करिए मन की

सुनिए सबकी करिए मन की,
कहावत बड़ी गूढ़ है,
जीवन के दो ढंग हैं ज़ीने के,
एक अनुकूल है तो एक प्रतिकूल है,
जो मिला है तुम्हें उसे नकार न सकोगे,
क़िस्मत का ज़ाया है, उसे स्वीकार करोगे,
चलते-चलते जीवन में गर कुछ मन भा जाये,
उसे पाने के लिए तड़प उठे तो,
तन-मन-धन से भरसक प्रयास करोगे,
लोग कहेंगे क्यों वक़्त गँवा रहे हो,
लोगों की आदत है कहने की,
तुम्हें पता है,
सुनिए सब की करिए मन की।

जो मिला है क़िस्मत से,
वह जन्मों का हिसाब है,
चाह है जिसकी तुम्हें,
वह भविष्य की किताब है,
कोरे पन्नों को रंगीन करने में,
उत्साह बहुत लगेगा,
रंग-बिरंगे अक्षर से कौन इसे भरेगा?
धारा के विपरीत चलने में,

अति संघर्ष लगेगा।
पर हिम्मत तुम बाँधे रहना,
तभी तुम्हें मन का मीत मिलेगा।
माना विकल्प बहुत हैं,
पर झाँको अपने भीतर भी,
यूँ ही नहीं कह गये, बड़े बुज़ुर्ग
सुनिए सब की करिए मन की।

भौतिक चीज़ें पाने में ना अपना समय ख़राब करो,
अनुभव ही असली दौलत है,
इस पर तुम स्वयं विचार करो,
काम करो कुछ ऐसे,
जिनमें भले ही न मिलें तुम्हें पैसे,
लाँघकर मन की सीमा,
नाचो, गाओ, चित्र बनाओ,
मन के ताल पर थिरकते जाओ,
जिओ जी भरकर ,
तारीख़ किसे पता है जाने की,
हर्षित होकर मन कहता जाये,
कमाई यही है आत्मा की।
हमने भी यह मान लिया,
सुनिए सब की करिए मन की।।

✍आराधना झा श्रीवास्तव

अनन्त और अनादि शिव

ये आकाश गंगाएँ, बह रहीं जिनकी जटाओं से
सूर्य-चन्द्र हैं दृष्टि जिनकी अनन्त और अनादि शिव।
नभ ने नीला वर्ण पाया, सूर्य जिनसे जगमगाया
शीत देकर चन्द्रमा को शीश अपने धारे शिव।

प्रकृति में हैं प्रेरणा बन, जीव में हैं चेतना बन
इस सृजन-संसार का आधार और विस्तार शिव।
जो घटित और घट रहा है, घटना-क्रम को रच रहा है
काल के इस दण्ड से, सृष्टि का चक्र घुमाते शिव।

कोख में अग्नि को धारे, धरणी जब शिव को पुकारे
अँजुलि भर हिम से हरते, इस धरा का ताप शिव।
जिनके मन की तरलता से, नदियाँ जीवन पा रही हैं
प्राण पोषित हैं उन्हीं से, जीवन की अमृत धार शिव।

डमरू वीणा ताल धारे, उद्गमित रस जिनसे सारे
नित्य नर्तन प्रिय है जिनको, नाद और नटराज शिव।
त्रिशूल से त्रय-ताप हरकर, सत्य और संकल्प भरकर
जन्म-मृत्यु बन्धनों से, मोक्ष मुक्ति दाता शिव।

नभ में थल में और जल में, कल में अब में एक पल में
हैं परे जो सोच से, ऐसा ही अद्भुत भाव शिव।
चेतना, प्रज्ञा, हमारे, हममें शिव, शिव हम को धारे
मैं हूँ शिव, शिव में हूँ मैं, जीवन का मेरे सार शिव।

नारियाँ

रीढ़ की एक टेक गोवर्धन टिकाये डोलती
घर-गृहस्थी भार उँगली पे उठाये नारियाँ।
हैं धुरी उस चाक की जो घूमता है रात-दिन
ईंट-पत्थर का भवन ना घर बने बिन नारियाँ।
मथ रहीं जीवन-जलधि बनकर सुमेरु हैं खड़ी
भर रहीं अमृत-कलश विष से न डरतीं नारियाँ।
कालिका का रूप धरकर रक्त रिपु का पी रहीं
और जननी रूप में अमृत पिलातीं नारियाँ।
वो धरा का रूप धरकर धारतीं जीवन सघन
और लावा रूप धर सब राख कर दें नारियाँ।
वह मृदुल, सुरभित, विदुषी शारदा बन ज्ञान दें
और लक्ष्मी रूप धर धन-धान्य देतीं नारियाँ।
साधना-आराधना, आधार भक्ति-प्रेम की
कान्तिमय मनु रूप में क्रान्ति जगातीं नारियाँ
प्रखर सविता, तरल सरिता, ललित ललिता भारती
हैं कला और काल भी, कविता भी हैं हम नारियाँ।

जिस देह में बसते देश कई...

नीली कश्मीरी आँखों ने
आज़ाद-सा ख़्वाब सजाया था,
जब वीर मराठों ने माथे
केसरिया तिलक लगाया था।

उत्तर के उजले हिम से पिघल
जब गंगा नीचे आती है,
पंजाब की बलिदानी धरती,
धानी-सी चूनर लहराती है।

मरु से तपती तलवार प्रखर
रजवाड़ी शान कहाती है
बंगाल की माँग में सिन्दूरी
क्रान्ति की लाली सजाती है।

तब लाल क़िले की प्राचीरें
जन-मन की धुन बिखराती हैं
दिल बनकर बसी हुई दिल्ली
आज़ादी याद दिलाती है।

दे ख़ून मुझे, आज़ादी लो
नारा नेताजी लगाते हैं

सुखदेव, भगत, आज़ाद, पटेल,
माटी को तिलक बनाते हैं।

हे ब्रह्मपुत्र तेरे पानी में
दाण्डी का नमक घुल जाता है
एक मोहन चम्पारण आकर
महात्मा बनकर जाता है।

जहाँ राजमहल के राजकुंवर
पा ज्ञान शुद्ध हो जाते हैं
उस गया की पावन धरती पर
सिद्धार्थ बुद्ध बन जाते हैं।

गंगा की हर-हर काया में
काशी जब भस्म लगाती है
उज्जैन की ओजस्वी धरती
महाकाल का वन्दन गाती है।

अपने आलय जाकर मेघा
जब राग मल्हार सुनाता है
रोम-रोम इस धरती का
प्रेम से भीग जाता हैं।

आकाश कुसुम-सी कावेरी
कितनों का मन ललचाती है
अपनी कंचन की काया से
सीमाएँ छूकर जाती है।

ईश्वर के अपने ही घर में
जब शारद सुर में गाती है

दक्षिण की कन्या पुलकित हो
हिन्दसागर गले लगाती है।

माला के मोती-से बिखरे
कुछ द्वीप सुदूर मुस्काते हैं
जय हिन्द के नारे लगा रहे
हिन्द में ही गोते खाते हैं।

है बाँह पसारे सागर में
माँ भारती प्रेम लुटाती है
रिपु लिपटे तन से काँटों से
उन पर भी स्नेह लुटाती है।

धरती-अम्बर परिवार मेरा
ये भाव भारती लाती है
जिस देह में बसते देश कई
उसे एक गणतन्त्र बनाती है।

वतन

ख़ून बन के रगों में है बहता वतन
अपनी हर साँस में है ये अपना वतन

सन्दली-सन्दली-सी है माटी मेरी
बन के खुशबू ज़ेहन में है बसता वतन

तरबियत और मोहब्बत है पायी यहाँ
इक सुकूँ माँ की गोदी-सा देता वतन

गुम है गलियों में बचपन मेरा आज भी
याद की थामे उँगली को चलता वतन

तीन रंगों से रंग डाला मेरा ये मन
कोरी पहचान का रंग गहरा वतन

बीज तहज़ीब का बेल बनकर खिला
है ये तहज़ीबी सरमाया मेरा वतन

पार सरहद के बैठी 'ग़ज़ल' कह रही
मैं जहाँ भी रहूँ साथ रहता वतन

नीलामी

ज़मीन का लालच
दबे पाँव दबोच गया
उसका ज़मीर।
न जागा न छटपटाया
दौलत की चकाचौंध में
बस मूँद लीं आँखें।

सिक्कों की खनक से
बहरे हो गये थे कान
विवेक के मुँह पर
मुहर लगाकर
उसे बन्द कर दिया
उसी लिफ़ाफ़े में
जिसमें रखे काग़ज़ात पर
एक मजबूर मेहनतकश ने
काँपते हाथों से दबाया था
अपना खुरदुरा अँगूठा।

अँगूठा दबाते समय
आँखों से टपके
ख़ून के चन्द आँसू
जिनसे पसर गयी

नीलामी की नीली स्याही
उस स्याही में स्याह हुए
उसके धुँधले सपने
और नीलाम हुआ
वह ख़रीदार भी
जब ज़मीर के बदले
उसने ख़रीदी ज़मीन।

✍ डॉ. आराधना सदाशिवम

सिंगापुर

सिंगापुर यह देश हमारा
सकल विश्व में सबसे न्यारा
नव-नूतन धवल चन्द्र लिये गोदी में तारे
लाल-सफ़ेद द्वि रंग में सजे सारे
भूमध्य रेखा पर विराजित
अनन्त प्राकृतिक सुषमाओं से सुसज्जित
सागर में सीपी-सा सुशोभित
देखो, चमक रहा जैसा सिन्धु सुता सुत
अनेक द्वीपों का यह दीपमण्डल
दक्षिण-पूर्वी एशिया का यह सूर्यमण्डल
सम्मिलित है इसमें विश्व सारा
यह स्वयं सम्पूर्ण विश्व में समाविष्ट
नित-नवीन से नवीनतम सृजनशील
अग्रसरित सदैव उत्तरोतर विकास
गगनचुम्बी अट्टालिकाओं से भरा
चहुँ ओर सागर से घिरा
समस्त विश्व का यह ध्रुवतारा

मैं

कल वो मुझसे मिलने आयी थी–
बारिशों की ठण्डी-भीनी बयार-सी,
गुज़री बारिशों की महक-सी
ठण्ड में चमकीली धूप-सी,
गरमी में आम के पेड़ की निचली डाल के झूले-सी।
कल वो मुझसे मिलने आयी थी–
बोली–
अरी, सच ही सोचा था तूने,
न जाने क्यों कोई पहलू बदलता है?
बेवजह ही कोई क्यों उलझने देता है?
ग़लत राय लेता है?
कल वो मुझसे मिलने आयी थी–दबे पाँव, और बोली–
अगर मन सच्चा हो तो रास्ते अपने आप बनते हैं।
वो जो सामने मुश्किलों का घर है,
अरे, उसी में तो बुझता-चमकता जुगनू है!!!
कल वो मुझसे मिलने आयी थी
पहचान थी वो मेरी
मैं ही तो थी वो जो अपने आप
से मिलने आयी थी।

नारियल के पेड़

ये ख़ामोश नारियल के पेड़ घर की याद दिलाते हैं
घर के आँगन के एक कोने में सुलगते चूल्हे से हलका-सा उठता धुआँ
घर भर में बिखरी ठण्डी छाँव की याद दिलाते हैं
दरवाज़े के सामने सजे सफ़ेद कोलम की छवि रू-ब-रू कराया करते हैं
उज्ज्वल दावानी[1] में लिपटी सखी सूर्या की मुस्कान याद दिलाते हैं
दक्षिण की सुरमयी, लाली लिये शाम की याद दिलाते हैं
हो गयी शाम, अब तू भी घर लौट आ, कभी-कभी ये पेड़ कह जाते हैं
ये ख़ामोश नारियल के पेड़ घर की याद दिलाते हैं

1. दक्षिण भारत में लड़कियों द्वारा पहनी जाने वाली हाफ़ साड़ी।

त्रिवेणी

हवाओं ने करवट ली
हमने कसमसाना छोड़ दिया
अच्छा हुआ जो नयी राह मिली।
दूर क्षितिज से सूरज आया
फूलों ने पहना ओस का गहना
सोने-सी गेहूँ की बाली।
सरसों ने चुरायी पलाश की लाली
देखा! सर्दी आ ही गयी।
पीली पताका, हरा लिबास
सुरमई आसमान में इन्द्रधनुष
वसुन्धरा सागर का पाश
ये धरती बहुत ही सुन्दर है।

पर्यावरण

हरी-हरी हरीतिमा
धरा करे परिक्रमा
सागर करे प्रदक्षिणा
ज्योतिर्गमय है चन्द्रमा
लेकिन आज,
घायल है वसुन्धरा
सागर भी है शोकित-सा
धुँधला रहा है चन्द्रमा।

✍आलोक मिश्रा

क्या इसको संयोग कहोगे?

जीवन की नौका जब-जब भी
बीच फँसी सागर मँझधार
कुशल, निपुण माँझी इक आकर
उसे लगा देता है पार
जाने उस माँझी को कैसे,
कौन बुलाकर लाता है
पीड़ित की स्थिति से उसको
अवगत कौन कराता है
क्या इसको संयोग कहोगे?

छा जाते हैं गहरे-गहरे
चिन्ताओं के जब बादल
धुन्ध सघन छायी होती है
खोने लगता है मनबल
सहसा कुछ अद्‌भुत होता है
धूप चमकने लगती है
थर-थर काँप रही गौरैया
फिर से उड़ने लगती है
क्या इसको संयोग कहोगे?

हिरण्यकश्यप ने सुत के वध
के थे ढेरों जतन किये

कौन है बलशाली जिसने
विफल सभी वो जतन किये
राणा जी ने विष भेजा था
मीरा ने विषपान किया
किन्तु कहो किसने मीरा को
आकर जीवनदान दिया
क्या इसको संयोग कहोगे?

कभी-कभी जीवन में ऐसे
पल भी आ ही जाते हैं
जब ख़ुद को हम अँधियारे से
घिरा हुआ अति पाते हैं
ऐसे में अनजाना कोई
दीपक बनकर आता है
तम से घिरे हुए बोझिल मन
को रोशन कर जाता है
क्या इसको संयोग कहोगे?

माटी का क़र्ज़

माटी का क़र्ज़ चुकाना है
माँ के प्रति फ़र्ज़ निभाना है।
देश की उन्नति में हमको
अपना सहयोग लगाना है।

सरपट चलता सूरज घोड़ा
काम अधिक है, समय है थोड़ा
नदियाँ व्यर्थ न करतीं ऊर्जा
अवरोधों से ख़ुद को मोड़ा
सूरज से लेकर रोली हमको तिलक लगाना है।

ऊँच-नीच का भेद घटा है
लेकिन पूरा नहीं पटा है
राजा का ढह गया महल पर
सेठ-महाजन डटा हुआ है
उन्नति-राहों से सारे काटों को दूर हटाना है।

मंगलग्रह पर पहुँच गये हम
मंज़िल से पर भटक गये हम
नव पीढ़ी को मातृभूमि का
मान बताना चूक गये हम
हर बच्चे में देशभक्ति की ज्योति अखण्ड जगाना है।

ट्राफ़िक सिग्नल पर ये बच्चे
पहने धूल-धूसरित कपड़े
हाथ पसारे दया माँगते
फूल, क़लम, अख़बार बेचते
इनके सपनों की पतंग में माँझा हमें लगाना है।

प्रेम-दुशाला

विपुल विश्व के भवसागर में
कोई ऐसा मिल जाता है
जिसे देखते ही दिल का हर
कोना-कोना खिल जाता है
झंकृत हो उठती मन-वीणा
राग मधुर बजने लगते हैं
ख़ुद से ही बातें करते हैं
ख़ुद से ही हँसने लगते हैं
नयनों के दर्पण में हरदम
उसकी मोहक छवि बसती है
उसकी बोली, उसकी स्मित
मन-आँगन डोला करती है
पाँव नहीं टिकते धरती पर
नभ में हम उड़ने लगते हैं
सतरंगी सपनों की नैया
पर बैठे तिरने लगते हैं
उसकी स्वर-लहरी सरिता में
मन गोते खाने लगता है
सब ऋतुएँ बासन्ती लगतीं
मन-भँवरा गुंजन करता है
उससे मिलने की ख़ातिर मन
हर पल लालायित रहता है

उसकी छवि-शबनम पाने को
चातक मन बेकल रहता है

पाकर मधुर प्रेम रतना का
कोई तुलसी हो जाता है
विद्योत्तमा का साथ जिसे हो
कालिदास वह कहलाता है
इसी प्रेम से सम्बल पाकर
माँझी गिरि से भिड़ जाता है
सच्चा प्रेम-दुशाला ओढ़े
मानव ख़ूब निखर जाता है।

फूल जो पूरी तरह खिले नहीं

बगिया के यह नन्हें फूल
जो पूरी तरह से खिल ना पाये
सृजन हैं वो भी
उसी सृष्टि के
बनाया जिसने
हमको और तुमको
फ़र्क़ बस इतना
वह पूरी तरह से खिल ना पाये

ज़रूरत है उन्हें
हमारे प्यार की, स्नेह की
न कि सहानुभूति की
'यह करना चाहिए,
वह नहीं करना चाहिए,
ऐसे करना चाहिए' उन्हें
वह चलें हमारे अनुसार
त्याग कर ऐसे विचार
पहचानें उनकी योग्यता
कौशल, सक्षमता
बढ़ायें प्रोत्साहन, मनोबल
सहारा दें उन्हें
आवश्यकता अनुसार

जिससे भर सकें उड़ान
परिन्दों की तरह

बेमानी है
प्रतिकूल है
प्रकृति के
आम के पेड़ से
अमरूद पाने की चाह
पेड़ की डालें
कोई सूरज की ओर उन्मुख
सीधी-सपाट
कोई आड़ी-तिरछी, वक्राकार
उचित नहीं तुलना
एक डाल से दूसरी डाल की
हर एक डाल है ख़ूबसूरत
सभी से मिलती है हमें छाया
सभी से मिलते हैं फल और फूल
कुछ अलग हैं ये नन्हे फूल
जो पूरी तरह से खिल ना पाये

प्रकृति का आतिथ्य

नफ़रतों से अब किनारा कर लिया जाये
एक मौक़ा दोस्ती को भी दिया जाये।

कब तलक लहरें गिनेंगे बैठ साहिल पर
पैठ कर सागर से मोती चुन लिया जाये।

दूसरों को ही बदलने में रहे मशग़ूल
अपने हुलिये में भी संशोधन किया जाये।

ख़्वाब को तस्वीर में तब्दील करने को
स्वेद रंग से ख़ूबसूरत रंग दिया जाये।

चार दिन को घूमने आये यहाँ 'आलोक'
प्रकृति के आतिथ्य का आदर किया जाये।

आँकड़ों में पेड़

सभी कहते हैं गर्मी है, बहुत ज़्यादा ही गर्मी है
ज़रा सोचो तो इक पल फिर कहो किसकी ये करनी है।

हवाएँ चल रहीं जिस ओर उस ही ओर क्यूँ जाना
सभी ख़ुशबू हों हितकारी नहीं ये बात सच्ची है।

हमें फूलों से भी मतलब, हमें काँटों से भी मतलब
चुभन काँटों की ही फूलों का सच्चा मोल कहती है।

करो मेहनत लगाकर जी, करो साकार सपनों को
सभी सपने ना सच होते समझना भी ज़रूरी है।

यहाँ वो थी, वहाँ वो था मिलन सम्भव ना हो पाया
कोरोना का सितम उन पर रहा अत्यन्त भारी है।

बताते आँकड़े हैं पेड़ लाखों में लगे 'आलोक'
न जाने फिर भी राही को नहीं क्यूँ छाँव मिलती है।

✍ ख़ुशबू मिश्रा 'ख़ुशी'

सच की बाती

सच
उस दीपक के समान होता है
उजाला परोसना
जिसकी नियति होती
मौन मुखर होता
और जो स्वयं ज्योतिर्मय हो!
उसे किसी प्रत्यक्ष प्रमाण
शोर, दिखावे, त्राण, भयाक्रान्त
होने की
आवश्यकता नहीं पड़ती
क्योंकि
सच ऊँ शान्ति का सत्कार है
बड़ा ही विनम्र रश्मि यह
शीतलता के ब्रह्माण्ड
का अक्षय धर्म–भण्डार है।

शुभ कर्म

समझौते से बेहतर है
संघर्ष की ज़िन्दगी
बात जब यह जान जाओगे
मेहनत से नहीं कतराओगे
माना बिगड़ा है आज
तो कल फिर सँवर जायेंगे
जलते अंगारों पर चलते-चलते
पड़ गये यदि पैरों में छाले
मिल रहा धूप का घना साया
मुमकिन है चलते रहना
रुकना कोसना रोना
कायरता की निशानी है
समय से सीखो आगे बढ़ना
देखना एक दिन तब नज़ारा
वक़्त की रहमत लुटायेगी
ठण्डी सुहानी छाया
खड़े रह सको तो रह लेना
तूफ़ान आँधी आग पानी पत्थर में
पेड़ों की तरह मुस्कुराओगे
धैर्य को आत्मशक्ति जब बनाओगे
शुभ कर्मों से
अन्तरात्मा को सन्तुष्ट पाओगे

सखे, तुम जीत जाओगे
गीत मीत प्रीत
और जीवन की रीत
का सच्चा सुख पाओगे।

प्रकृति संग खिलवाड़

मानवता के नाम पर
दानवता का चोला पहन
माँ समान प्रकृति
का उड़ाते रहे मखौल
और वो तुम्हें उढ़ाती रही
कभी मख़मली तो कभी रेशमी चादर
लुटाती रही स्नेह की अमृत बूँदें
अनहद आनन्द और प्रेम का अक्षय सुख।

क्षमाशीलता का विश्वसनीय
प्रतिमान बनी वह
सदियों से देती आ रही
तुम्हें तृप्ति का भण्डार
अपने सात्विक वस्त्र में लिपटी
शक्ति का प्रतीक बन खड़ी है
शुचिता और पवित्रता के साथ।

और तुम मानुषी जात...
बिगड़ैल सन्तान की भाँति
नित्य प्रति रचते आ रहे
उसके विरुद्ध षड्यन्त्र।

अपनी मनमानी की धुन में
नासमझी का पाठ पढ़
क्षत-विक्षत कर दिया है
पेड़-पौधे ऑक्सीजन की दशा
भुला दी गयी अन्नपूर्णा की सेवा
चुनौती देते रहे ग्लोबल वार्मिंग को
कर रहे अशोभनीय आचरण
पर्यावरण को प्रदूषित कर
भूल बैठे मनुष्यता का कर्तव्य और सिद्धान्त
पेड़ लगाना और बचाना
जो धर्म संस्कृति
एवं हमारी ज़िम्मेदारी का हिस्सा है।

जताते हो केवल धौंस आधिपत्य
जैसे तुम मनमर्ज़ियों के मालिक
गुलाम तुम्हारी यह धरती माता हैं।

हाय रे
मानसिक विकलांगता की पराकाष्ठा
माँ दर्द से कराहती छटपटाती रही
बुलाती समझाती कर रही मौन संवाद
दे रही है आज भी तुम्हें
अनगिनत इशारे
और तुम मानव के वेश में
जीने के आदी
अपने खोखले उसूलों के सहारे।

ये कोरोना सुनामी बाढ़ महामारी
संकेत नहीं पूरा दृश्य है
प्रकृति की त्रासदी का...

जिसके कर्ता-धर्ता तुम हो
जो भूल बैठे मानवीय गुण-धर्मों
का सहज मूल्य
प्रेम की परिभाषा।

जीने में मशरूफ़ हो गये
स्वार्थ एवं भोगवादी संस्कृति
जो वीभत्स रूप धारणकर
सहस्र बाणों से बेधती
धरती माँ का हृदय
कराहता उनका रुग्ण शरीर
हाय रे मानव
धिक्कार है
ऐसी निम्न मनुजता की सत्ता पर।

✍चित्रा गुप्ता

स्वतन्त्रता की ज्योति

स्वतन्त्रता की ज्योति प्रज्वलित रहे सदा
कपाट उन्नति के खुलते रहें सदा।
प्रेम-पथ प्रशस्त हो जन-मन आश्वस्त हो ,
विश्व-पटल पर अंकित भारत हो सर्वदा।

चेतक सम नापें धरती से आसमान,
हम भारतीय और भारत हमारी माँ।
सद्कर्म की पताका सतत झूमती रहे,
ध्वज में हो घुले रंग कर्तव्य के सदा।

तकनीक के खुले हैं नूतन बहु विकल्प,
संस्कृति सहयोग से ले सभी संकल्प।
विज्ञान विकास में, न हो प्रकृति का हनन,
स्वदेश की माटी का करें क़र्ज़ हम अदा।

प्रहरी हैं सावधान भारत की सीमा पर ,
कर्तव्यनिष्ठ हैं, रखें पारखी नज़र।
पराक्रम से उनके है शत्रु भी डरा
राष्ट्र पर मँडराने न दें वे कोई आपदा।

खेतों में अहर्निश करें कृषक परिश्रम,
अन्नदाता हमारे करते उदर भरण।

इनसे ही प्रकृति का रूप है सजा,
स्वतन्त्र भारत की हैं ये अमूल्य सम्पदा।

स्वाभिमान और समर्पण एक साथ हो,
सहयोग की भावना से नव विकास हो।
धड़कनों में गूँजे परोपकार की भावना,
सन्ताप भाग्य में न हो हमारे कभी बदा।
स्वतन्त्रता की ज्योति प्रज्वलित रहे सदा
कपाट उन्नति के खुलते रहें सदा।

दोहे

राम चषक मैं पी गयी, बाहर भीतर राम।
डूबी उनके प्रेम में क्या सर्दी क्या घाम।।

मन्थरा के निज स्वार्थ में, छिपा महा परमार्थ।
दुराचार के नाश को, गये राम बनवास।।

वाणी तालू जा लगी, भीग गये हैं नैन।
देख दीन की दुर्दशा, हृदय बहुत बेचैन।।

जिसमें गुण कोई नहीं, देना उसका साथ।
सही मार्ग दिखाने को, पकड़ो उसका हाथ।।

माँझी लेकर नाव को, चला समुद्र की ओर।
मीन फँसेंगी जाल में, होगी जब तक भोर।।

गिरा-गिरा के घाव से, मन में हुआ विद्वेष।
इतना घायल हो गया चाह न मन में शेष।।

रवि मयूख का आगमन, धरा हुई धनवान।
खेतों में फैला कनक प्रमुदित हुआ किसान।

जाऊँगी मैं छोड़ के, अपने दिल की बात।
चित्रा सबके दिल बसे बस इतनी फ़रियाद।।

मेरा कक्ष

मेरे कक्ष में–
मेरे शरीर के साथ मेरी आत्मा रहती है।
इसी कमरे में,
परमात्मा भी रहते हैं।
मेरी आत्मा–
अक्सर उनसे गुफ़्तगू करती है।
उल्हाने शिकायत की फ़ेहरिस्त थमा,
निश्चिन्त और निष्काम सोती है।
कक्ष में परमात्मा की,
कोई प्रतिमा नहीं है।
उनका आभास...
मेरे आसपास–
एक मज़बूत कवच-सा होता है।
मन के मौसमों में,
मुझे अनुराग में पाग लेता है।
अचल कक्ष की हर वस्तु
मेरे मन की तरह चंचल है।
उन्हें इधर से उधर सरकाना
मेरी आदत में शामिल है।
स्टडी टेबल पूरब से पश्चिम में,
टेबल लैम्प दायें से बायें हाथ पर,
पुस्तकों की अलमारी पृष्ठ भाग से,

परमपिता का आशीष देती है।
पेंटिंग पलंग के पार्श्व में टाँगती हूँ,
विभिन्न मुद्राओं के अपने चित्र
एक पूरी दीवार पर,
बेतरतीब चिपकाती हूँ।
अपने चित्रों और परमात्मा से–
हँसी-ठिठोली भी करती हूँ।
लिखने से–
मेरी अस्थिरता को स्थिरता मिलती है।
खिड़की पर रोज़ सुबह गुरसल आती है,
चहक-चहककर अलार्म बजाती है।
मुझे नींद से उठाती है।
कभी राम कभी हनुमान,
कभी दुर्गा तो कभी शूर्पनखा।
कभी मुरली बजाते कृष्ण,
तो कभी लक्ष्मी जी के चरण,
सब मेरे मनमीत हैं।
उनका न कोई समय मुक़र्रर,
जब चाहे जिसे
पुकार लेती हूँ,
मनचाही गुफ़्तगू करती हूँ।
अजब निराला है मेरा कक्ष,
इसमें केवल और केवल,
है मेरा अक्स।

ग़ज़ल

हम तो जब भी मिले मुस्करा के मिले,
वो समझने लगे धुल गये सब गिले।

उनके आगोश में मैं रही रात भर,
सुबह ग़ैरों के जैसे वो मुझसे मिले।

जब मोहब्बत की सौग़ात दी थी उन्हें,
वो न समझे न उनके अधर ही हिले।

बिन बताये न जाने कहाँ चल दिये,
ढह गये मेरे ख़्वाबों के सारे क़िले।

बेवफ़ाई की सारी हदें पार कीं,
रह गये ज़ख़्म मेरे छिले के छिले।

छा गयीं इस क़दर मुझपे मायूसियाँ,
जाने चित्रा का दिल अब खिले न खिले।

संघर्षों से हार न मानव

मन के हारे हार है,
मन के जीते जीत,
संघर्षों से हार न मानव,
कर ले उनसे प्रीत।
दिन के बाद रात आती है,
रात के बाद आता है दिन।
धूप-छाँव से क्या घबराना,
यह जीवन की रीत।
नट दिखलाता करतब अपने,
सँभल-सँभलकर चलता।
नहीं कभी भयभीत वह होता,
परिस्थितियाँ हों चाहे विपरीत।
खट्टे-मीठे, तीखे-फीके,
मिलते हैं अनुभव अनेक।
क़ुदरत देख समझ लें हम ,
बाद ताप के आता शीत।
ईश्वर ने उपहार दिया है,
पालित पोषित हमें किया है।
धरोहर उसकी हम ही संभालें,
न यह जीवन क्रीत।
संघर्षों की पीड़ा में,
जब हाथ सफलता लगती है।
ख़ुशियों की रज्जू थाम,
वाणी गाती मीठे गीत।

✍ नलिनी गुप्ता

नया साल

लाचारी और बेबसी की तराज़ू में पल-पल तौला है बन्दगी और इबादत को
सुना था रहमतें उसकी देखकर अक्सर तराज़ू टूट जाया करती है
अपना वजूद जो सम्हाले हुए हैं अब तक,
इस साल को भी आज़माकर देख लेते हैं
फ़िक्र अक्सर उनकी होती है जो निगाहों से दूर होते हैं
याद हर वक़्त उनकी आती है जो दिल के क़रीब होते हैं
ज़िक्र हमेशा उनका होता है जो ख़यालों में होते हैं
नये साल में अब, उन ख़ास रिश्तों संग जीना चाहती हूँ मैं
जिनकी संगत में सुकून-भरे संवाद हों
वो मेरे ज़हन में नहीं मेरी नज़रों के सामने हों
तसव्वुर-ए-ख़्वाब को, हक़ीक़त में बदलते देखना चाहती हूँ मैं
काश ख़ुद ही ऊँचाइयों को छू ले हमारी पतंग ख़ुशियों की
ना रहे डर किसी महामारी का, ना रहे मोहताज ज़िन्दगी की डोर,
किसी वैक्सीन की
काश नये साल में हम रहें दूर, बीते हुए उदास लम्हों के सायों से भी
अब नया साल भी आज़मा ले, हमारे सब्र की इन्तिहा को

ठानी है मैंने

इब्तिदा-ए-सफ़र में अनजान राहों पर चलने का कब था क़रार
दिल और दिमाग़ की कशमकश में सब्र की होती जा रही है तक़रार
मजबूर ख़ामोशियों के सिलसिले हर रोज़ होते जा रहे हैं बेक़रार
कभी दिल हारा तो कभी दिमाग़, ख़ुश क़िस्मती से नहीं हो पा रहा इक़रार
पर अब
गर्दिशों के अँधेरों को उम्मीद की रौशनी में बदलने की ठानी है मैंने
मुरझाये हुए दिल को जोश-ओ-जुनून में बदलने की ठानी है मैंने
ग़म-ओ-रंज को हर्षोल्लास में बदलने की ठानी है मैंने
हार को जीत में बदलने की ठानी है मैंने

चुनौतियों का क़हर तो मानो थम ही नहीं पा रहा
कुछ हम नहीं समझ पा रहे कुछ तजुर्बा नहीं समझा पा रहा
जुस्तजू जिसकी थी वो सुरूर-ए-ख़ुशी इस क़दर रूठ के है बैठी
कभी आत्मविश्वास को तो कभी अपने मुक़द्दर को नहीं समझ पा रहे
पर अब
तपते रेगिस्तान में सागर को खींच लाने की ठानी है मैंने
तूफ़ानी लहरों से अपनी कश्ती को साहिल पार लगाने की ठानी है मैंने
नींद जिनकी थी मोहताज उन सपनों को सच करने की ठानी है मैंने
इबादत का रंग ऐसा गहरा कर अब अपने रूठे भगवान् को मनाने की
ठानी है मैंने

बचपन की दोस्ती : एक ख़ूबसूरत एहसास

ज़िन्दगी का सफ़र पकड़े हुए था तेज़ रफ़्तार
दिन, महीने, साल और मौसम गुज़र रहे थे लगातार
इस कारवाँ में अक्सर जुड़ते रहे नये लोग
क़ैद दिल के किसी कोने में होते गये पुराने लोग
क़ैद-ए-तन्हाई में गुम होता चला गया बीता हुआ कल
आने वाले कल को सँवारते-सँवारते, छूटते चले गये अनमोल पल
गुज़रा हुआ ज़माना जब भी आया याद, दिल ने जब भी की फ़रियाद
वक़्त ने अक्सर दिया कल का वास्ता, दिमाग़ ने कराया
ज़िम्मेदारियों से वाबस्ता

थम गये दिन और रात, रुक गयी वक़्त की रफ़्तार
समय का एक-एक पल हो गया गिरफ़्तार
वक़्त पर लगाया था हर बार जो हमने इलज़ाम
बरसों के इन्तज़ार को कुछ यूँ दिया अंजाम

मिला दिये साथ बचपन के हसीन दोस्त, कुछ अनमोल, कुछ बेमिसाल
ये हमराही थे बचपन की मासूम राहों के
ये हमख़याल गवाह थे उन बुलन्द हौसलों के
ये हमराज़ साक्षी थे उन ख़ूबसूरत ख़्वाबों के
जिनके साथ सँजोये थे कभी मासूम-से सुनहरे ख़्वाब
हमनवाज़ दोस्तों का साथ कुछ इस क़दर मिल गया
दिल का हर कोना आज आफ़ताब-सा रोशन हो गया

आज दौलत-ए-दोस्ती से है भरा दामन मेरा
इस मुबारक मौक़े पर हर दोस्त को, क़ुबूल हो दुआओं का नज़राना मेरा
ख़ुशियों की सौग़ात अब सदा यूँ ही बनी रहे मेरे पास
सुकून और प्यार का अफ़साना कुछ यूँ आया है रास

भारत माँ के हर वीर शहीद को हमारी श्रद्धांजलि

हमारे सुकून, चैन और अमन की हिफ़ाज़त का कर्तव्य निभाया तुमने
महफूज़ रहे हमारी दुनिया, ऐसा फ़र्ज़ निभाया तुमने
सरहद पर त्याग और बलिदान देकर ऐसा धर्म निभाया तुमने
प्राणों की निःस्वार्थ क़ुर्बानी देकर, ऐसा ईमान निभाया तुमने

जान हथेली पर, सर पर बँधा कफ़न तुम्हारे
बुलन्द हौसले और देशप्रेम, रगों में था दौड़ता तुम्हारे
सर्द गर्म बर्फ़ीली सरहदों पर थे आशियाने तुम्हारे
हम कैसे चुका पायेंगे ये एहसान, ये उपकार तुम्हारे

कहाँ से लाये थे यह फ़ौलादी सीना और निडरता?
कहाँ से लाये थे देशभक्ति की मानसिकता?
कहाँ से लाये थे यह शिवशक्ति-सी प्रचण्डता?
कहाँ से लाये थे धैर्य, साहस और नैतिकता?

तुम थे जिनके जिगर के टुकड़े और आँखों के तारे
तुम थे जिनका ग़ुरूर और गौरव
तुम थे जिनके बुढ़ापे का सहारा
उन माँ-बाप को दण्डवत् नमन हमारा

तुम थे जिसके जीवनसाथी, सुहाग और सर्वस्व
तुम थे जिनका अभिमान, पिता भाई और बन्धु

तुमसे थीं जिनकी उम्मीदें
उस परिवार को हमारा शत-शत नमन

काश फ़रिश्ते ऐसी साज़िश रच दें, रामराज्य लौट आये
काश इन्सानों में ऐसी मति आ जाये कि सरहदें ही मिट जायें
ना उजड़े किसी माँ की कोख, ना उजड़े किसी माँग का सिन्दूर
स्वर्ग की ख़ुशियाँ और मुकम्मल क़ायनात फिर लौट आये

होली के रंग

ऐ मेरे हमराज़, आओ तुम्हारी ज़िन्दगी कुछ हसीन रंगों से रँग दूँ
होली का तो बस बहाना है, तुम्हें अपने रंग में रँगना चाहती हूँ मैं
पहला रंग भरूँगी प्यार और मोहब्बत का
दूसरा रंग सुशोभित करूँगी वफ़ा और ऐतबार का
तीसरा रंग सजाऊँगी इज़्ज़त और सम्मान का
और चौथा रंग श्रृंगारित करूँगी इबादत और आराधना का
ऐ मेरे हम-सफ़र, तुम भी कुछ ऐसे ही रंगों से रँग दो मुझे
होली का तो बस बहाना है, तुम्हारे रंग में रँगना चाहती हूँ मैं
ऐ मेरे जीवन साथी, आओ मिलकर इस धरती को बेशुमार ख़ूबसूरत
रंगों से सजा दें
बेरंग-सी लाचारी, ग़ुरबत, आपसी क्लेश, भुखमरी, बीमारी और महामारी को
दफ़ना दें
रंग दें इस दुनिया को इन्द्रधनुषी रंगों से
चारों ओर शान्ति, भाईचारा, अमन, प्यार, विश्वास, तन्दुरुस्ती और देशप्रेम
के सतरंगों से होली खेलना चाहती हूँ मैं
आओ मिलकर बचा लें अपनी धरोहर को
होली का तो बस बहाना है,
सुकून और चैन के रंग में रँगना चाहती हूँ मैं

चाँद और चाँदनी

तुम इकलौते ऐसे हो जिसे पाना हर कोई है चाहता
इस कायनात में तुम्हारा है हर कोई दीवाना
अजीब से ख़ुमार में है हर कोई मस्ताना
तुम्हें देख आहें भरता है हर कोई परवाना

उस विराट फ़लक पर फ़रिश्तों संग आशियाना तुम्हारा
झिलमिल सितारों से सजा आँगन तुम्हारा
बादलों के आग़ोश में रैन बसेरा तुम्हारा
आफ़ताब की रौशनी से रौशन दामन तुम्हारा

तुम्हारी मरहमी दिलकश चाँदनी में है, दिलों को जीतने का हुनर
मुस्कुराती-सी चाँदनी बर्फ़ीले पहाड़ों और पेड़ों की शाख़ों को बना देती है जन्नत
समुन्दर की लहरों से चाँदनी की मीठी-सी गुफ़्तगू देती है दिलों को राहत
नूरानी चाँदनी से महक उठती है हसीन प्रकृति और हर दुआ बन जाती है इबादत

चौदहवीं का रूहानी चाँद हो या ईद का चाँद, तुमसे है हर उत्सव, उमंग, हर्षोल्लास
तुम्हारे दीदार-ए-इश्क़ से है इस दुनिया में मोहब्बत
आँगन में पूर्णिमा की रोशनी लगती बहुत नयी
बहुत दूर से सही तुमसे रिश्ता-ए-ख़याल ही सही

तुम्हें दूर ही से चाहते रहना क़ुबूल है हमें
अपने इस आलम और इस सुरूर पर नाज़-ए-ग़ुरूर है हमें

डॉ. प्रतिभा गर्ग

मन से मन के तार जुड़े हों...

मन से मन के तार जुड़े हों, क्यूँ उन पर प्रतिबन्ध रहे।
नेह भाव से गुँथे ज़िन्दगी, सदा प्रीत अनुबन्ध रहे।।

रहे भरोसा इक दूजे पर, टूटे फिर विश्वास नहीं।
तम की चाहे बदरी छाये, छोड़ें मन की आस नहीं।
मन के मानक मिलें नहीं पर, हृदय प्रेम सम्बन्ध रहे।

मन से मन के तार जुड़े हों, क्यूँ उन पर प्रतिबन्ध रहे।
नेह भाव से गुँथे ज़िन्दगी, सदा प्रीत अनुबन्ध रहे।।

प्रीत धुरी पर चले ज़िन्दगी, है जीवन का सार यही।
नर-नारी पूरक हैं दोनों, सृजन-सृष्टि आधार यही।
प्रीत नाव पर तैरें हम सब, जुड़ें सदा तटबन्ध रहें।

मन से मन के तार जुड़े हों, क्यूँ उन पर प्रतिबन्ध रहे।
नेह भाव से गुँथे ज़िन्दगी, सदा प्रीत अनुबन्ध रहे।।

नफ़रत की दीवार भग्न हो, निश्छल मन का सागर हो।
नहीं झूठ की बूँदें बरसें, हृदय प्रीत का गागर हो।
अन्तर्द्वन्द्व भले हों कितने, हृदय प्रीत की गन्ध रहे।

मन से मन के तार जुड़े हों, क्यूँ उन पर प्रतिबन्ध रहे।
नेह भाव से गुँथे ज़िन्दगी, सदा प्रीत अनुबन्ध रहे।।

युगों-युगों का प्यार हमारा

किरण भोर की मैं बन जाऊँ, तुम अम्बर-सा प्यार प्रिये।
युगों-युगों का साथ हमारा, करने को मनुहार प्रिये।।

पात-पात मैं अब बन, झूलूँ, प्रियवर शाख़ें हों बाँहें।
पुष्प बनूँ मकरन्द भरा मैं, महकें तेरी सब राहें।
माणिक सजे ओस की बूँदे, नवल नेह उपहार प्रिये।
युगों-युगों का साथ हमारा, करने को मनुहार प्रिये।।

नैनों के शुचि पोखर में, प्रीत कमल-से खिल जाओ।
रास रचाने वृन्दावन में, कान्हा बन तुम मिल जाओ।
प्राजक्ता की पंखुड़ियों से, लिखूँ दिव्य संसार प्रिये।
युगों-युगों का साथ हमारा, करने को मनुहार प्रिये।।

पायलिया के आम्रकुंज में, वनप्रिया प्रीति की बोले।
साजन के मृदु बोल कान में, कुसुमासव सम रसघोले।
पुलकित मन उपवन हो जाये, मिले नेह अम्बार प्रिये।
युगों-युगों का साथ हमारा, करने को मनुहार प्रिये।।

उठो वीर

उठो वीर विश्वास भरो मन, उर को मत करना कमज़ोर।
पथ पर नित बढ़ते जाना तुम, बिना रुके मंज़िल की ओर।
जोश रगों में हरदम भरना, तूफ़ानों की ले पतवार।
पहन धैर्य का कवच हृदय में, जीवन नैया करना पार।।

दहक उठी अब हिय में ज्वाला, रिपु हम तुझे रहे ललकार।
शीश काटने को अब तेरा, मचल रही है ये तलवार।
अमन, शान्ति हमने चाही नित, मान हमारा ये उपकार।
बार-बार पर नहीं सहेंगे, तेरा यह आतंकी वार।।

वीर शिवा, राणा प्रताप, बन, करें शत्रुओं का संहार।
विकट परिस्थिति हो कितनी भी, करना नहीं हार स्वीकार।
साहस, शौर्य, शक्ति का सागर, भारत माँ को दो उपहार।
त्याग, तपस्या से तपकर ही, बनें देश रक्षा आधार।।

दोहे

अम्बर दमके दामिनी, नभ शशि घन अनुराग।
सागर सरिता संगिनी, सरसिज मध्य पराग॥

मन सागर है आस का, मन मन्थन मन मीर।
मन अम्बर है प्रीति का, मन चंचल, गम्भीर॥

वसुधा है विह्वल विवश, गर्मी की है मार।
आँचल को छलनी किया, मानव ने हर बार॥

रम्य रजत रजनी हुई, तारों की बारात।
शरद चाँद बरसा रहा, प्रणय रश्मि बरसात॥

प्रियवर तेरे रूप का, हो कैसे गुणगान।
चाँद भेजकर चाँदनी, करता है रसपान॥

सागर तट को देखकर, मन होता है शान्त।
दिव्य दृश्य है भोर का, कनक प्रीत सम कान्त॥

प्रखर ताप चहुँ ओर है, छाया घर के द्वार।
झुलसी है काया मनुज, कष्ट बढ़ा संसार॥

धरा विकल जल-थल विरत, पड़े ग्रीष्म की मार।
कोड़े तपती धूप के, दिनकर थानेदार॥

जीव जन्तु बेहाल हैं, रखना इनका ध्यान।
छत रख थोड़ा नीर अब, करो प्राण का मान॥

क्या पता था

क्या पता था दर्द देकर तू हवा हो जायेगा,
मुश्किलों के दौर से फिर सामना हो जायेगा।

इश्क़ की ख़ातिर सनम जब बढ़ गये अपने क़दम,
कोशिशों से रफ़्ता-रफ़्ता हौसला हो जायेगा।

आज दुनिया में मुहब्बत बाँट के तुम देख लो,
दुश्मनों से भी तुम्हारा राबता हो जायेगा।

कह रहे हो भूलने को ये मगर मुमकिन नहीं,
एक पल भी भूलना तुमको सज़ा हो जायेगा।

प्यार दिल से है निभाया बेवफ़ाई किसलिए,
हाँ, बड़ा मुश्किल सफ़र ये काटना हो जायेगा।

रूह में मेरे बसा है इस क़दर तू हमनवा,
एक तेरे साथ में बस काफ़िला हो जायेगा।

बस इसी विश्वास पर 'प्रतिभा' सफ़र पर चल पड़ी,
साथ तेरे हर तरफ़ ही रास्ता हो जायेगा।

अतीत के पन्ने

अपने अतीत के पन्नों को, फिर आज पुनः जीवन्त कर दूँ।
सन्दूक़ खोल तस्वीरों को, मन भर के फिर मैं अब जी लूँ।
द्रवित विकल हृदय के भावों को, मैं पृथक्-पृथक् गढ़ के लिख दूँ,
मन के उन्मुक्त विचारों को, फिर अनुराग हिलोरों से भर दूँ।
आते-जाते हृदय उद्गारों को, क्या फिर मैं अभिव्यंजित कर दूँ।
अपने अतीत के पन्नों को,

तेरी मृदुल मुस्कान को मैं, नेह नयन महसूस करूँ।
मसृण भाव हिय के लिख दूँ, या प्रीत कहानी फिर लिख दूँ।
स्वर्णिम क्षणों की यादों के, चंचल पावन से दिन लिख दूँ।
तेरे आँचल की छाया को, मैं फिर से अब अहसास करूँ।
अपने अतीत के पन्नों को,

मन-उपवन के ख़्वाब सुमन को, मृदुल ममता की क्यारी लिख दूँ।
तेरे सहसा जाने की विह्वलता को, जड़-चेतन की निर्जनता लिख दूँ।
तेरी यादों को फिर से जीने का, सपना अपना फिर सच लिख दूँ।
यादों के अनमोल ख़ज़ाने को, हृद् के उर में फिर से धर लूँ
अपने अतीत के पन्नों को,

संग तेरे बीते भव्य पलों को, काश पुनः नवीनीकृत कर दूँ।
माँ, स्नेहिल आशीष आलिंगन का, वह पृष्ठ पलट के फिर धर दूँ।
या इस जीवन की पुस्तक में, उन पन्नों को फिर से लिख दूँ।
अपने अतीत के पन्नों को, तस्वीर देख पुनः जीवन्त कर दूँ।

✍ प्रतिमा सिंह

जीवन-सार

दिल में है बस तेरी चाह,
आँखें देखें तेरी ही राह,
कर मेरे करें तुझे प्रणाम,
मुख मेरा भजे तेरा ही नाम।
साँसों में मेरी तू ही समाया,
जगत् है मिथ्या यह समझ आया।
दिखता अस्तित्व तेरा कण-कण में,
तेरे होने का भान है हर क्षण में।
करती है तेरी हर कृति मुझे विस्मित,
संसार में जीवन है, तेरे ही निमित्त।
भर दिया है जगत् को उपहारों से,
बच ना सका तू फिर भी गुहारों से।
धन्यवाद है दिल की गहराइयों से तुझे,
छोड़ के न जाना तू कभी भी मुझको।
पग मेरे बढ़े, सदा तेरे ही द्वार,
मेरा जीवन तो है, बस तेरा ही सार।

द्वन्द्व

ईश्वर ने बनाया, जब इस सृष्टि को,
पक्षी फूल तारों और समुद्र को,
सोचा, कौन करेगा सुन्दर प्रकृति के,
नयनाभिराम दृश्यों का अवलोकन?
फिर अपने हाथों से गढ़ा उसने मनमोहक
मानव,
दिया उसको छोटा-सा अद्भुत बालमन,
और एक प्रेम से परिपूर्ण अन्तःकरण,
फूँका उसमें अपने प्राण को,
बनाया अपना ही एक रूप,
मनुष्य को!
बहुत प्रसन्न हुआ,
देखकर अपनी कृति को।
परन्तु हो गया प्रवेश,
मानवता में अमानवता का,
हो गयी कुरूप ईश्वर की कृति,
हो गयी हावी शैतानियत सारी,
जकड़ लिया जिसने मानवता को ज़ंजीरों में,
किया ईश्वर ने पुनः अथाह परिश्रम!
तोड़ीं ज़ंजीरें,
बचा लिया अपनी कृति को,
सम्पूर्ण सृष्टि को,

जब-जब पड़ेगी मानवता कमज़ोर,
और करने लगेगी शैतानियत शोर,
बोल उठेगा मनुष्य का अन्तःकरण,
ताकि पुनः वो जाये प्रकृति की शरण!
प्रकृति तो सखी है, मानवता की
शैतानियत बहुत आकर्षक है,
परन्तु अकेली, बग़ैर सहेली,
वास है मनुष्य में दोनों का,
अन्तर है बस स्त्रोतों का।
अन्तस के इस द्वन्द्ध में,
जीतेगी मानवता अन्त में।

साँस

दूर होकर पास हो तुम,
प्रेम का अहसास हो तुम।
प्यास रेगिस्तान की मैं,
तृप्ति का आभास हो तुम।
कुछ न कुछ तो बात है,
जो ख़ास में भी ख़ास हो तुम।
जेठ की हूँ दोपहर मैं,
और श्रावण मास हो तुम।
साधना होगी सफल ही,
एक ऐसी आस हो तुम।
मौन प्रतिमा के प्राण हो,
उसमें प्रेम रस संचार हो तुम।
क्या भला अस्तित्व तुम बिन,
क्योंकि मेरी साँस हो तुम!

नारी तेरे रूप अनेक

प्राणदायिनी है, जननी है, वो शक्ति स्वरूपा है,
वो ख़ुद ही इतनी पावन, जितनी गंगा और गीता है।
नारी ही है, निश्चल प्रेम बहन का,
माँ के आँचल की ममतामयी छाया है,
प्रेयसी रूप में शोख कशिश है वो,
पत्नी रूप में संगिनी और मर्यादा है।
स्नेह, भक्ति, निष्ठा, साधना की प्रतिमा बनकर,
नारी ने पूरे जग को साधा है,
ईश्वर की अनुपम रचना के मध्य,
है यह सबसे बड़ा तथ्य
नारी ही है सृजनकर्ता,
सृष्टि की है वाहक वो,
नारी ने ही नर को जाया है,
नारी से ही दुनिया ने सब कुछ पाया है।

सत्य या भ्रम

भ्रम है, कि सूरज उगने से, चला जाता है अँधेरा
आँखें मूँद सोते रहने वालों के लिए, कहाँ होता है सवेरा
देखने के लिए सूरज की रोशनी,
खोलनी पड़ती हैं अपनी आँखें,

बन्द आँखों के भीतर तो,
पलती हैं सिर्फ अंधेरी रातें!
भ्रम है कि वर्षा होने से तर जाती है धरती,
यदि छेद है अपने पात्र में, तो कहाँ है वो भरती।
पाने के लिए वर्षा का आशीष,
बनाना पड़ता है स्वयं को सोखता काग़ज़

अनवशोषी ह्रदय के भीतर तो
बढ़ता है बस सूखा परागत।
भ्रम है कि पुष्प खिलने से, फैलता है चहुँ ओर सुवास,
कैसे जाये भीतर सुगन्ध, जब बन्द हो, खिड़कियों संग सम्पूर्ण आवास!
पाने के लिए, सुमन की सुरभि
खोलने पड़ते हैं मन के द्वार,
बन्द अन्ध कोठर के भीतर तो,
पनपती सिर्फ़ दुर्गन्ध अपार!
भ्रम है कि उस देने वाले से, मिलता है सबको,
कैसे मिले उसको, पात्र अधोमुख पड़ा हो जिसको,

पाने के लिए उस महाशक्ति की अनुकम्पा,
तराशनी पड़ती है स्वयं की पात्रता,
छिद्रयुक्त पात्र से तो,
रिसती जाती सारी समग्रता!!!

सूत्रधार

कर्म करना है मात्र कर्म तेरा, आगे की क्यों तू सोच करे
फल देना तो है काम मेरा, तू क्यों मन में सन्ताप धरे।
मैं राम की मर्यादा, मैं सीता का अटल विश्वास,
मैं हनुमत की भक्ति में, मैं ही हूँ केवट की आस।
मैं मन्थरा के षड्यन्त्रों में, मैं दशरथ के हृदय में हूँ।
मैं कौशल्या की पीर बना, मैं ही कैकेई की ज़िद में हूँ
मैं राधा मैं कृष्ण, मैं ही मुरली मधुर तान में हूँ,
बसा हूँ तेरे दिल में मैं, मैं तेरे हर एक काम में हूँ।
तू एहसास करे इसका, या बना रहे तू अंजाना
घर है मेरा, यह दिल तेरा, अब तक तूने ना पहचाना।
मैं ही तुझमें, तू भी मुझमें, मैं ही दुर्गा काली हूँ
तेरे हिय में बैठा जो, वो सबसे बड़ा सवाली हूँ।

मैं युगों-युगों का सूत्रधार, हर पल तेरे साथ रहा,
अच्छा-बुरा हर कर्म तेरा, मुझसे ही आबाद रहा।
तू कलयुग का वंशज, कब इस तथ्य को जानेगा,
अवसाद तनाव से घिरा तू, कब अपनी सोच को थामेगा।
सत्य अगर है चाह तेरी, तो हल तुझको मिल जायेगा
चलाचल राही कर्तव्यपथ पर, फल तू उसका पायेगा

✍ प्रेरणा मित्तल

नींव

देखो मग्न है मनुष्य, अपने आभासी जग में,
चूर होकर बैठा, तकनीकी प्रगति के मद में।
विस्मृत किये कि लेखनी न होती यदि,
असाध्य था, करना इतनी उन्नति।
नीचे देखना भूल जाता है, चढ़ जाता जब ऊपर,
अचम्भा नहीं, चूँकि नर जन्मा, ऐसी प्रकृति पाकर।

प्यूपे से अभी जन्मी हो, जैसे एक सुन्दर तितली,
उसी तरह क़लम ने, विश्व की काया पलटी।
क़लम ही बुनियाद वह, जिस पर सुरक्षित बैठकर,
पहुँचा इन्सान आज तरक़्क़ी की चरम सीमा पर।

पहली सीढ़ी है आधार, अन्तिम तक पहुँचने का,
आरम्भ, एकमात्र विकल्प, अंजाम तक पहुँचने का।

भव्य इमारत खड़ी, नींव की ईंट पर ही होती है,
आधारशिला सुदृढ़ हो तो, विकास में गति होती है।

क़लम से लिखना सीखा तो इतिहास बनाया,
पढ़ा-समझा, पीढ़ियों ने तो आगे क़दम बढ़ाया,
बढ़ते-बढ़ते आज, क्या कुछ न कर दिखाया,
छोटी-सी मुट्ठी में है, समस्त संसार समाया।

वो (मेरी अन्तरात्मा)

मैं : मेरी वो बहुत ही वो है।
लेती रहती मेरी टोह है।

आज सुबह से वो सोयी पड़ी थी
मैं भी काम में उलझी-सी थी
ज़रा जो ठहरी! पल भर दम लेने को
तुरन्त वो लेने लगी अँगड़ाइयाँ,
नहीं!...अभी नहीं!
हाँ! उसकी धुँधली-सी मुस्कुराहट,
उफ़! चीर गयी हृदय को फटाफट।

नहीं! कुछ मत कहना अभी
मैं ज़रा गिड़गिड़ायी तभी!
उसके स्वर में व्यंग्य था।
नपा-तुला-सा हर एक शब्द था।

वो : आज कतराती, भागती-फिरती मुझसे
विस्मृत कर, धकेलकर मुझे तिमिर में
अकेले बैठे-बैठे घण्टों बतियाती थी,
अच्छी-बुरी घड़ियों की बताती थी।

मैं : घबराकर एक बार जब मैंने पुकारा था।

तुमने बड़ा सख़्त फ़ैसला सुनाया था।
दोस्ताना तुमने ही तो तोड़ा था,
कड़वा कहकर मुँह तुमने ही मोड़ा था।
अब जब चुप रहने को कहो तो
ज़बरदस्ती टाँग अड़ाती हो,
कभी मेरी सुनती ही नहीं,
उलटे ही रास्ते जाती हो।

वो : आज तुम मेरे बोलने से घबराती हो।
मेरी आवाज़ को दबाती हो,
सच सुनने से डरती हो,
किस मिथ्या चक्की में पिसी जाती हो।

मैं : इस चक्की में गोल-गोल घूम रही हूँ।
बाहर आऊँ कैसे, तड़पकर सिरा ढूँढ़ रही हूँ।
सरल है बहुत, बस हाथ मेरा पकड़ लो।
खींच लूँगी बाहर, कस के जकड़ लो।
डरो मत! सत्य के वार से,
अन्त में जीतता यही हार के।

ख़ास

हज़ारों-लाखों आमों के बीच, कोई ख़ास,
नज़र रुक जाती है बस, उसी के आसपास।
जैसे हो कई हंसों के बीच एक कौआ,
या हो सैकड़ों कौओं के बीच कोई हंस।

गुदड़ी का लाल हो या दीपक तले अँधेरा,
पृथक् हो भीड़ में बस, जिसे लोग निहार सकें,
श्वेत हो तो मर सकें या ईर्ष्या से जल सकें,
उँगली उठाकर स्याह पर, अहम् को हवा दे सकें।

जो बन गया, किसी के लिए इतना विशेष,
क्या अनजान था वह, या कुछ परवाह थी शेष।
क्या भिज्ञ था इससे, कि कुछ ख़ास है उसमें,
तभी तो आकर्षण जन्म लेता है, लोगों के दिल में।

या नितान्त अनभिज्ञ, दूसरों की उठती निगाहों से,
जो दूर तक पीछा करतीं, उसके पदचिह्नों का,

उन नेत्रों में मंशा बस,
उसे ख़ास से आम बनाने की,
या स्वयं आम से ख़ास बनने की।

अनन्त

कैसी यह बेरहम ज़िन्दगी
शून्य से शुरू शून्य पर ख़त्म
बिना बताये, बिना पूछे मिल जाती
क्या इसका कोई मतलब है?

लाया है कोई हमें इस संसार में क्योंकर?
क्या मन बहला रहा ईश्वर, खिलौने बना-बनाकर?
क्या उद्द्देश्य इतना ही, मनोरंजन का साधन उसका?
अरे रुको! कदाचित् इससे कुछ इतर इरादा उसका?

शून्य बढ़ा देता है मूल्य, दस गुना, फिर और दस गुना
कहीं चाहता यही तो नहीं, सो हमारा यह जीवन बुना
बनें अपने युग के आर्यभट, बनायें नित नये कीर्तिमान
अपने साहस, बुद्धि और त्याग से करें समाज का नवनिर्माण
कर जायें समाज के लिए कुछ ऐसा
जो किसी ने कभी ना किया हो वैसा

देख रहा है वह, कौन बढ़ा पाता है शून्य को कितने गुना
क्या पीछे छोड़ जायेगी उसकी सन्तति, अपने क़दमों के निशाँ?

✍ रत्नेश पाण्डेय

ओस-सी ज़िन्दगी

एक दिन तो जुदाई को आना ही है
कल जो होना है तो आज ही से सही
टीस उठेगी दिल में बस इक बात की
बातें कितनी रही अनकही अनसुनी

बाग़ में फूल इतने खिले ही कहाँ
हर भ्रमर की जहाँ पूर्ण हो साधना
हर नज़र प्रेम की मंज़िलें हैं कहाँ
हर अधर पे नहीं छन्द की लालसा

प्रेम में तेरे ऐसा बना मैं भ्रमर
जब उड़ा तब उड़ा, जब नहीं तो नहीं

तुम भी खिलते रहो हम महकते रहें
साँस अपनी तो अनमोल उपहार है
क्या किसी को वो दे पायेगा कोई हक़
जिसका अपने ही ऊपर ना अधिकार है

प्यार का रास्ता कब सही कब ग़लत
जो ग़लत वो सही, जो सही वो सही

हम सभी राहगीर साँझ से सुबह के
और सुबह की किरण हमको ले जायेगी

ओस की बूँद ने ये कहा फूल से
चाँदनी फिर नयी ओस दे जायेगी

ओस-सी ज़िन्दगी भी कोई ज़िन्दगी
अब गिरी तब गिरी, जब गिरी तब गिरी

वो पुराने घर का कोना

वो पुराने घर का कोना,
जहाँ अब धूल की चादर चढ़ी।
लकड़ी के पुराने टेबल पर
बिखरी हुई कुछ यादें पड़ीं।
उस पर रखी सियाही में इन्द्रधनुष सा
चमकता सूखा पड़ा सुनहरा पल।
कुछ पीले-से काग़ज़, इक अधूरी-सी चिट्ठी
और वो बीता हुआ सा कल।

वो पुराने घर का कोना
जहाँ दबी कई अनकही कहानियाँ।
चौड़े हाथों वाली लकड़ी की उस कुर्सी पर
जाने क्यूँ नहीं अब उँगलियों की निशानियाँ।
बस कुछ निश्छल से खुरचे हुए
अक्षरों का शोर उस कुर्सी के काँधों में।
और उसके आसपास सन्नाटा जैसे
मौन की गहराई में डूबी-सी सर्दियाँ।

वो पुराने घर का कोना
जहाँ रोशनदान से छनकर ख़ुशियाँ भीतर आती थीं
बच्चों की हँसी जो मौन धरे बैठी है
पूरी गली में शोर मचाती थीं।

बड़ी-सी आराम कुर्सी जिस पर
पिंटू, बबलू, नन्हे, गिल्लू, गगन, झबाली
सब आ जाते थें अब वो ख़ाली है...
चूने से चमकती दीवारें सीलन से अब काली हैं।

वो पुराने घर का कोना
जहाँ कील पर टँगे उस भूरे कोट के नीचे बैठें तो
उन स्नेह-भरे हाथों को फिर से महसूस करते हैं।
जो हर एक दर्द अपने स्पर्श से मिटा दे
अलमारी में कल्याण के पन्नों में पीपल का एक पत्ता है
भले ही सूख चुका है पर अब भी ख़ुशबू से महकता है।
उसी कोट के ठीक बग़ल में एक छतरी कब से ठहरी है
बाहर के बरगद के जैसे इसकी जड़ें भी गहरी हैं।

वो पुराने घर का कोना,
जहाँ यह जीवन जा मिलता है स्मृतियों से
ये वो जड़ है जो जोड़े मुझे मेरी जड़ों से
एक अनदेखे-से धागे से
इसमें रखी टेबल, टेबल पर सूखी सियाही,
वो भूरा कोट, दीवार पर टँगा छाता
ये बस पुरानी चीज़ें नहीं, जीवन धारा का हिस्सा हैं
वो कोना सिर्फ़ कोना नहीं, मेरे बाप-दादा का क़िस्सा हैं।

कोयलिया के बोल

ब्रह्ममुहूरत भिनसहरे सूरज ने आँखें खोली हैं
अलसाये से मन की भी ना डाली अब तक डोली है
अरे चिरइया पीड़ा मन में इस बेला ना घोल
कोयलिया धीरे-धीरे बोल

उगने दे सूरज को थोड़ा, थोड़ा तो चढ़ने दे
पीड़ा-वाली परछाई को थोड़ा और बढ़ने दे
धूप-छाँव से सुख-दुःख दोनों, निज अनुभव से तोल
कोयलिया धीरे-धीरे बोल

तेरा बिरहा पंचम स्वर में मन विचलित कर जाता
हृदय की सूखी धरती में ये सागर-सा हहराता
महाजलप्रलय द्वार न अनबूझे सुर से अब खोल
कोयलिया धीरे-धीरे बोल

लुटते राज का आख़िरी टीला अपना ठौर ठिकाना
उस पे और तेरा ये पापी विरही तान सुनाना
झड़ जाते नयनों से सुनकर रतन कई अनमोल
कोयलिया धीरे-धीरे बोल

मन में तूफ़ान लिये

मन में अनजानी पीड़ा है
अँधियारे से भी गहरी
किससे अपनी आह कहूँ मैं
सुनता कौन यहाँ किसकी

सह-सहकर भी कष्ट अपरिमित, चेहरे पर मुस्कान लिये हूँ
तन अपना उजड़ी कुटिया और, मैं मन में तूफ़ान लिये हूँ

अभी-आज-कल करते-करते
मेरे गीत रहे अनगाये
भाव-मालिका गूँथूँ जब तक
तब-तक शब्द-पुष्प मुरझाये

थाल सजा पूजा की तेरी, मैं जलते अरमान लिये हूँ
तन अपना उजड़ी कुटिया और, मैं मन में तूफ़ान लिये हूँ

ढला ये दिन भी चलते-चलते
घटी नहीं मंज़िल की दूरी
बँध ना पाया मन बन्धन से
ना छूटी अपनी मजबूरी
विरह के सरगम की धुन पर मैं, मधुर मिलन के गीत लिये हूँ
तन अपना उजड़ी कुटिया और, मैं मन में तूफ़ान लिये हूँ

मुझमें अग्नि और अम्बर है

मुझमें धरती और अम्बर है,
मुझमें उमंग का सागर है।

मुझे मिटाकर देखे कोई
मिटने वाली धूल नहीं मैं,
राहों में बिछ जाया करते
वैसा कोई फूल नहीं मैं।
अक्षर-अक्षर मेरा प्रकाश है,
गहन अर्थ का गागर है
मुझमें धरती और अम्बर है,
मुझमें उमंग का सागर है।

रुक जाने को ना ठहरा मैं
चलते रहना प्रण मेरा,
झुक जाने को झुका नहीं मैं
सिर ऊँचा रखना व्रत मेरा
स्वाभिमान का मैं प्रतीक हूँ,
जीत ही अपनी रहबर है
मुझमें धरती और अम्बर है,
मुझमें उमंग का सागर है।

हलकापन मुझसे दूर रहे
मैंने ऊँचाइयाँ चुनी हैं,
रुकावटों को पार किया हर
अपनी कथा स्वयं लिखी है।
मेरे मन में स्थिरता हरदम,
ना ये मन अब अल्हड़ है
मुझमें धरती और अम्बर है,
मुझमें उमंग का सागर है।

हर पल मैंने सृजन किया है
हर क्षण नव-निर्माण किया है,
वर्ष, मास, दिन हिसाब कर लो
क़दम-क़दम विस्तार दिया है।
यही ध्येय मेरे जीवन का,
चिन्तन यही मेरा हर है
मुझमें धरती और अम्बर है,
मुझमें उमंग का सागर है।

पाण्डे जी का लड़का

पाण्डे जी का लड़का कमाने फिर विदेश गया।

पिछली बार जो आया था
टीवी बड़का ले आया था,
पत्नी की साड़ी सिल्क की थी
बच्चों का खिलौना लाया था।
अम्मा को चूड़ी और बिन्दी,
बापू को चश्मा दिलाया था,
अबकी बार माँग रहा है बेटा प्लेस्टेशन नया
पाण्डे जी का लड़का कमाने फिर विदेश गया।

घर की सारी चमक चली अब
बुतरु के सब अरमान चले अब
पत्नी के भी भगवान चल पड़े
अम्मा के सब पकवान चल पड़े
कन्धे पर सपने लादे बापू
स्टेशन तक बिना थकान चले हैं
सुन्दर सपना देखा जो करने का कुछ और नया
पाण्डे जी का लड़का कमाने फिर विदेश गया।

पाई-पाई जोड़ रहा है,
पसीने से रोटी तोड़ रहा है,

हाथों से क़र्ज़ की बेड़ियाँ वो
धीरे-धीरे मरोड़ रहा है।
सपनों के शहर में रात-दिन
बस आँखें मीचे दौड़ रहा है
खर-पतवार चोंच में दाबे उड़े बना वो एक बया
पाण्डे जी का लड़का कमाने फिर विदेश गया।

तुम्हारा प्रेम

जब तुम्हारी हँसी
उस सस्ते फ़ोन से
तरंगों में बदलकर
फूलों की तरह
हवाओं के साथ बहकर
मुझ तक पहुँची थी,
जानते हो!
वह कितने आकाशों को
छूकर आयी होगी,
रास्ते में तारों की चमक
साथ ले आयी होगी।

वहाँ की झीलों ने
शायद तुम्हारी हँसी की परछाइयों को
अपने पानी में देखा होगा,
और पर्वतों ने उस गूँज को
अपने दिल में समेटा होगा।
जब तुम मुस्कुराये,
शायद घाटी ने
अपनी घाटियों में तुम्हारी मुस्कान को
छुपाकर रखा होगा।

तुम्हारी मुस्कुराहट के साथ
बलखाती हुई नदियाँ
तुम्हारी ही निश्छलता संग
बह रही होंगी,
और पेड़ों की शाख़ों ने
तुम्हारे ख़यालों को पकड़कर
अपने पत्तों पर लिख लिया होगा।

जब तुमने प्रेम से पुकारा,
शायद चाँदनी रात ने
अपने दामन में हमारी बातों को
सहेज लिया होगा।
सागर की लहरें
तुम्हारे नमकीन स्पर्श को
लेकर किनारों पर आयी होंगी,
और उस लहर ने
शायद चूम लिया होगा रेत को,
ठीक वैसे जैसे
तुमने अपने शब्दों से
मेरे दिल को छुआ था।

ये सारे दृश्य साक्षी हैं
अपने इस प्रेम के
जो तुम्हारी आवाज़ संग
मुझ तक पहुँचे हैं।

✍ रीता पाण्डेय

हाइकू

1. नवल भाव

करे पूर्ण विकास

यही है आस

2. घूँघट पट

कजरारे नयन

झाँकें पिया को

3. ज्ञान संवृद्धि

जगत् आलोकित

अद्भुत दीप्ति

4. अरुणोदय

प्रकाशित है धरा

नभ निहाल

5. दिव्य रथ में

आरूढ़ दिनकर

शोभित होते

6. पौष पूर्णिमा

चाँद मेघों के मध्य
हुआ दीदार

7. पिपासा मन

भरी दोपहरी में
हुआ व्याकुल

8. तरु की छाया

पथिकों का आश्रय
असीम शान्ति

9. मानव दृष्टि

अवलोकन करती
अद्भुत सृष्टि

10. ओस की बूँदें

मोती-सी चमकतीं
पल्लवों पर

11. कोयल कूके

प्रकृति इठलायी
बसन्त आया

12. मधुमास में

वसुधा आच्छादित
पीले पुष्पों से

13. प्रेम ममता

अद्वैत व उन्मुक्त
प्रेम आशा है

14. खेल अद्‌भुत

वेदना के पंखों का
उड़ना दवा

सावन के झूले

झूला पड़े कदम्ब की डारी, झूलें कृष्ण मुरारी।
अति ताप से व्याकुल धरती...2
गगन कृपा की आस में तकती...2
अनहद नाद हुआ बड़ा भारी, नभ में छायी बदरी कारी।
झूला...
बादल घुमड़-घुमड़ के बरसे...2
गरज-गरज अम्बर सुन हरसे...2
अमृत बूँदें भिगोएँ धरा सारी, जन-मन हुए सुखारी।
झूला...
सावन मास बहुत मनभावन 2
ब्रजमण्डल हो गया सुहावन....2
झूला झूलें राधा प्यारी, संग में झूलें बनवारी।
झूला...
जब-जब कान्हा पेंग लगावें...2
राधा प्रेम में सब भूल जावें...2
राधा छवि पर जायें बलिहारी, त्रिभुवन बाँके बिहारी।
झूला पड़े...
कोयल कूक के कजरी सुनावे...2
हर्षित मयूरा नृत्य दिखावे...2
वर्षा फुहार भिगोये राधा साड़ी, सुरमई नयन कजरारी।
झूला पड़े...

उमाशंकर का अद्भुत मिलन

सृजनकर्ता महादेव आशुतोष महेश्वर,
अखिल ब्रह्माण्ड की रक्षा करते हैं परमेश्वर।
देवों के देव महादेव जब डमरू नाद सुनाते हैं,
नटराज रूप में शिवशंकर ताण्डव नृत्य दिखाते हैं।
शिवशंकर ने क्रोधित होकर
ताण्डव नृत्य दिखलाया।
नेत्र तीसरा उन्मीलन कर
सृष्टि को भस्म बनाया।

अनन्त काल तक सृष्टि में,
छा गयी थी महारात्रि।
पुनः सृष्टि रचना हेतु,
महादेव की
पार्वती ने पूजा की।

महादेव ने प्रसन्न होकर,
वरदान उमा को दे डाला।
सृष्टि की उत्पत्ति हेतु,
स्वयं को–
ज्योर्तिलिंग रूप में ढाला।

अग्निलिंग के उदय से,

सृष्टि का आरम्भ हुआ।
उमा-महेश्वर बँधे परिणय में
अद्भुत उनका मिलन हुआ।

शिव-शक्ति की मिलन-निशा को,
महापर्व का नाम दिया।
पवित्र-पावन शुभ अवसर को,
घोषित महाशिवरात्रि किया।

अलौकिक छवि उमाशंकर की,
देख देवलोक हर्षित हुआ।
गन्धर्वों ने पुष्प बरसाकर ,
अनुपम उनका श्रृंगार किया।

विचारों का नव-निर्माण

जाग्रत कर नयी चेतना
ऊर्जा का हो संचार।
नवल भाव उपजे मन में,
हृदय में बस जाये प्यार।

व्यक्ति बन जाता महान,
विचारों का कर नवनिर्माण।
नित नये सृजन से ही,
जगत् का होता है कल्याण।

सृजन में ही नवीनता,
ऊर्जा एवं प्रवीणता।
रचनात्मकता में ही,
आनन्द और जीवन्तता।

विविध रंगों का सृजन,
करता है हमारा मन।
इन्हीं के आधार पर,
सँवारे सबका जीवन।

सुविचार से अस्तित्व है,
बनता मनुज प्रकाशपुंज है।

सुविचार रहें जन-मन में ,
इससे मानवता की जीत है।

इन्द्रियों के उत्प्रेरणा से,
विचार स्वतः बन जाते हैं।
सकारात्मक विचारों से ही,
व्यक्ति महान बन जाते हैं।

आओ हम सब मिलकर,
विचारों को नया रूप दें।
एक-दूसरे के जीवन में,
ख़ुशियों के विविध रंग भर दें।

✍ रीना दयाल

हाइकू-कोरोना काल

देखा है मैंने
मौत को क़रीब से
सताती है ये!

ये वो नहीं था
कोई और गया है
ये कैसी ख़ुशी?

रूठे थे तुम
गया अब जहाँ से
कैसे लड़ोगे?

बेटे थे चार
विशाल परिवार
काँधा न मिला!

रुपया-पैसा
बँगला आलीशान,
घुटता दम?

जाना सबको
जीवन का है सच
ये कैसी विदा?

उम्मीद

कल वो मिली,
बोली, मैं उम्मीद हूँ
मेरे रहते भला,
तुम क्यों उदास हो?
उम्मीद? कहाँ थी इतने दिन से?
मैं ढूँढ़ रही हूँ, तुम्हें कब से!

हँसकर बोली, मैं तो यहीं थी,
तुम्हारे पास, तुम्हारे साथ ही खड़ी थी,
तुमने मुझे पहचाना नहीं,
अपना कभी माना नहीं।

देखा नहीं तुमने सूरज की
उन चमकती हुई किरणों को,
जो खिड़की से छनकर तुम्हारे
बिस्तर तक आ रही थीं।
उम्मीद रखो और उठकर बैठो,
कानों में वो गुनगुना रही थी।
कितनी अँधियारी रात हो,
आख़िर मिट ही जाती है,
थोड़ी हिम्मत और मज़बूती ही
नयी सुबह लाती है।

देखा नहीं तुमने खिड़की पर
बैठी उस गौरैया को,
जो जाने कहाँ-कहाँ से तिनके
बटोरकर ला रही थी।
तुमने उसका घोंसला,
पिछले हफ़्ते ही तो फेंका था,
पर क्या वह हमेशा के लिए
उम्मीद छोड़कर चली गयी?
चोंच में तिनके दबाये आज फिर,
घर गन्दा करने न आयी है,
वह तो तुम्हें नयी उम्मीदों का
अहसास कराने आयी है।

सूरज हो या हों फिर पंछी,
हमको यही सिखलाते हैं,
पल-पल धीरज धरकर ही
हम आगे बढ़ते जाते हैं।
उम्मीद कहीं ढूँढ़े न मिलती,
उम्मीद लगानी पड़ती है।
नैराश्य-भरे जीवन में भी,
एक अलख जगानी पड़ती है।

मैं गयी नहीं बस यहीं-कहीं हूँ,
मुझको मत बिसराओ तुम।
कण-कण में बिखरी उम्मीदों की,
एक नयी माला बनाओ तुम!
एक नयी माला बन जाओ ख़ुद!

बसन्त आ रहा है!

पतझड़ से टूटे पत्तों की सरसराहट ने,
सूखी डालियों की चरमराहट ने,
कहा धीरे से–बसन्त आ रहा है!
सुना तुमने? बसन्त आ रहा है!

मिट्‌टी में छिपे बीज की आहट ने,
नयी कोंपल की सुगबुगाहट ने,
कहा मुझसे–बसन्त आ रहा है!
देखो ज़रा, बसन्त आ रहा है!

आमों पे महकते बौर ने,
गेंदा, पलाश, गुलमोहर ने,
कहा हँस के–बसन्त आ रहा है!
हाँ, हाँ, बसन्त आ रहा है!
कहाँ हो तुम? ज़रा बाहर आओ,
कोयल कहे मेरे संग गुनगुनाओ,
कुहुक के वो बोली–बसन्त आ रहा है!
मैं कहती हूँ तुमसे, बसन्त आ रहा है!

है चमका अब सूरज, गयी देखो सर्दी,
वो कोहरे की चादर और पाला बेदर्दी,
रज़ाई और कम्बल को छोड़ो-भुलाओ,

कहे पीली सरसों, मेरे पास आओ,
हम खेलेंगे होली–क्योंकि–
बसन्त आ रहा है, बसन्त आ रहा है!
हाँ, बसन्त आ रहा है!

कड़छी-क़लम, एक मुलाक़ात!

बहुत दिनों के बाद हुई,
आज कड़छी से मुलाक़ात।
कड़छी से मुलाक़ात,
कड़ाही भी कुछ यूँ मुस्कायी।
बोली भैया आज मिलेगी,
क्या रबड़ी-दूध-मलाई?

रबड़ी-दूध-मलाई खाये,
बीता एक ज़माना।
अब तो बस हर दिन बनता है,
'पिज़्ज़ा-बर्गर' का खाना।
'पिज़्ज़ा-बर्गर-पास्ता' खाते,
'कैलोरी काउंट' बढ़ायें,
पर पूरी को हैं 'ऑयली' कहते,
इसके नाम से ही घबरायें।

पूरी-पराँठे से घबराती,
आई ये कैसी पीढ़ी,
'इंटरमिटेंट फ़ास्टिंग' तो करती,
पर 'व्रत' से दूर रहती।
इन मॉडर्न 'व्रत' करने वालों को,
देसी स्वाद चखाओ।

हलुआ-पूरी और छोले का,
'न्यूट्रीशन' भी समझाओ।

धीमी आँच पर कड़छी से जब,
कड़ाही में खाना पकाते,
'स्लोकुकर' और 'एयर फ्रायर' सब,
पीछे हैं रह जाते।
स्वाद-सेहत का राज़,
कड़ाही-कड़छी की ये जोड़ी।
कहे क़लम से आज,
'मार्केटिंग' कर दो तुम भी थोड़ी!

गर्व से कहती हूँ, मैं भारतीय हूँ!

'मरलायन' की इस धरती पर
जब-जब लोगों से मिलती हूँ,
सड़कों, गलियों, बाज़ारों में,
अपनी पहचान बताती हूँ,
तब नाम के साथ गर्व से मैं,
हाँ, गर्व से मैं यह कहती हूँ,
भारत है मेरी मातृभूमि!
जी हाँ, मैं एक भारतीय हूँ!

जब-जब मैं साड़ी पहनूँ और,
उसकी कोई तारीफ़ करे,
उसे कहानी ज़रूर सुनाती हूँ,
भारत दर्शन करवाती हूँ,
कभी बनारस, कभी ओडिशा,
या तमिलनाडु ले जाती हूँ,
जहाँ हथकरघे पर साड़ी बुनते,
ताने-बाने बुनकर जोड़े,
कोमल रेशम धागों में,
सुन्दर सपने सँजोये थोड़े।
इन रंगों-बूटों-बेलों में,
बुनकर ने फूँके प्राण हैं,
इसीलिए तो भारत में

साड़ी महिला की शान है!
ताँत, चँदेरी और पैठणी
पहन ख़ूब इठलाती हूँ,
और गर्व से कहती हूँ,
भारत है मेरी मातृभूमि!
जी हाँ, मैं एक भारतीय हूँ!

भाषा-बोली या खान-पान,
भारत की बात निराली है,
इसकी माटी के कण-कण में,
ख़ुशबू सौंधी मतवाली है।
पूरब-पश्चिम, उत्तर-दक्षिण,
हम इस थाती पर मान करें,
अपनी आज़ादी, स्वतन्त्रता का,
सब मिलजुल सम्मान करें।
अभिव्यक्ति ऐसी हो जिससे,
भाई-भाई से दूर न हो,
निज धर्म मेरा हो ऐसा जिसमें,
मानवता कभी ख़त्म न हो।
दुनिया में सत्य का बिगुल बजाता,
देश मेरा अभिमान है,
इसीलिए मैं गर्व से कहती,
भारत है मेरी मातृभूमि!
जी हाँ, मैं एक भारतीय हूँ!

मज़दूर दिवस

आज मज़दूर दिवस है!
पता है आज पहली मई है,
आज मज़दूर दिवस है!

क्या इसके बारे में पता है
उस लल्लन को
जो सामनेवाली इमारत की
मरम्मत के लिए
हर रोज़ एक रस्सी के सहारे
चढ़ता-उतरता है।

क्या इसके बारे में पता है
उस बूढ़ी अम्मा को
जिसकी कमर इस मोहल्ले में
झाड़ू लगाते-लगाते
दोहरी हो चुकी है।

क्या इसके बारे में पता है
उस लक्ष्मी को
जिसे देर से आने के कारण
अभी-अभी 'दीदी' से डाँट ही नहीं, काम से निकाले जाने की
धमकी भी मिली है।

क्या इसका पता है
उस ढाबेवाले छोटू को
जिसे पैसे कमाने के लिए
आठ साल की उम्र में
गाँव से शहर भेजा गया था।
लल्लन को पता है
आज दिहाड़ी नहीं मिलेगी
उसे तो कल के बचे हुए सौदे से ही
काम चलाना है।

अम्मा सुबह से बड़बड़ा रही है
क्योंकि लॉन्ग वीकेंडवाली पार्टी के बाद
गार्डन और बार्बेक्यू पिट में
कचरा बहुत है।

लक्ष्मी को तो फ़ुरसत ही नहीं है
क्योंकि दीदी की सहेलियाँ आने वाली हैं
और वह पहले ही काम पर
देरी से आयी है।

और बच गया छोटू,
उसकी टपरी पर तो आज भीड़ बहुत है
हाइवेवाली टपरी पर काम करने का
यही तो फ़ायदा है
छुट्टीवाले दिन गाड़ियों की
लाइन लगी रहती है

छोटू बहुत ख़ुश है,
ज़्यादा लोग आयेंगे तो
शाम को मालिक उसे सालन के साथ

चिकन का एक पीस भी खाने को देगा।
वह तो चाहता है कि
मज़दूर दिवस रोज़ आये!
मज़दूर दिवस रोज़ आये!

✍ वन्दना सिंह

गृहिणी की कविता

माँ प्लीज़ एक कविता लिखवानी है
पर्यावरण दिवस पर स्कूल में सुनानी है,
नानी बताती थी, कालेज में तुम
ख़ूब लिखा करती थीं
वार्षिक उत्सव में तुम्हारी
धूम मचा करती थी
बिटिया की मनुहार ने
कुछ तो झंकृत किया
मानो सोयी कवयित्री को जगा दिया।
मैं थोड़ा गुनगुनायी, कुछ मुस्कुरायी
बाज़ार से एक डायरी भी ले आयी
अभी ख़यालों में डूबी ही थी
कि फ़ोन घनघना उठा
कल्पना-लोक से सीधे धरती पर ला पटका
फ़ोन पर थी कामवाली बाई
आज फिर काम पर नहीं आयी
मैंने कविता को वहीं छोड़ा
दो घण्टे में सब निपटा लूँगी
मैंने मन ही मन जोड़ा।
घर की व्यवस्था तो सँभल गयी
पर शाम थकान और बेवसी में निकल गयी।
रात को फिर कविता ने सिर उठाया

मैंने डायरी और पेन उठाया,
"क्या लिख रही हो, रोज़ का हिसाब
भई कल कर लेना, मैं तो बहुत थका हूँ
मुझे है सोना, ज़रा लाइट बन्द कर देना।"
अब डायरी ही रोज़ करती है सवाल
कब लिखोगी कविता, या फिर
मुझ पर भी लिखोगी धोबी का हिसाब।

थप्पड़

एक थप्पड़ ही तो मारा था, पति भी तो तुम्हारा ही था
इतना भी क्या अकड़ना, ज़रा-ज़रा-सी बात पर बिगड़ना।
घर चलाता था पैसे कमाता था, नये कपड़े-गहने दिलवाता था
एक दिन एक थप्पड़ क्या मार दिया, तुमने तो बवाल ही मचा दिया।

समझौता जानती हो ना, औरत को सब सहना पड़ता है
बड़ों से भी यही सुना होगा, तुम पहली औरत तो नहीं हो ना।
औरत की अस्मिता, अधिकार की बातें, औरत होने का गुमान
क्या अपने घर से ज़्यादा बड़ा है, तुम्हारा आत्मसम्मान।

कहाँ जाओगी, सह पाओगी जब प्रश्नवाचक नज़रें उठेंगी
एक दिन तो शायद माँ भी पूछ लेगी, बेटी कब तक रुकोगी।
क्या इन यक्ष प्रश्नों का उत्तर भी मुझे ही देना होगा,
खण्डित मूर्ति के आराधन का भार मुझे ही ढोना होगा।

मेरे भीतर मेरा ही दरका हुआ प्रतिबिम्ब
स्वयं को नकारता रहेगा
स्त्रीत्व के तमाम आदर्शों में बँधी मैं
रह जाऊँगी बस अनुत्तरित, अव्यक्त और रिक्त

हारना नहीं है

चलोगे तो ही मिलेंगे
नये रास्ते नये साथी
बस पीछे मुड़कर
बीते लम्हों को
पुकारना नहीं है।
हारना नहीं है
अम्बर से धरती तक
बिखरा है जीवन
हथेलियों में चाँद
आखों में नीला गगन
सब है तुम्हारे लिए
ये हवा ये पवन
शर्त ये है कि
मुट्ठी में बाँधना नहीं है
हारना नहीं है।
जो सबके लिए है
वो सबको मिले
ये सन्देश सबने
अनसुना कर दिया
नदियों पर क़ब्ज़ा
तुम्हारा नहीं था
हवाओं का बँटवारा

किसने किया?
सबक़ मिल रहा है
प्रकृति से यह तुमको
सदा याद रखना इसे
अब दोहराना नहीं है
हारना नहीं है।

सीख

काश, मैं तुमसे कुछ सीख पाती,
देखती हूँ अक्सर तुम्हें,
कितनी लगन से
आशियाना बनाती हो
तिनका-तिनका जमाकर सजाती हो
फिर एक दिन उतनी ही
बेफ़िक्री से उड़ भी जाती हो।
न कल की चिन्ता
न मोह की कोई डोर ,
तुम्हारी इस असीम आस्था का
न कोई ओर न छोर,
तुम्हारे इस वैराग्य का
शतांश भी पा सकती,
तो आ जाता जीना
मुक्त होकर, मुझे भी,
उड़ना आ जाता।

मैं फिर लौट आऊँगा

मैं ठहरा एक सूखा पत्ता
पेड़ की शाख़ में अटका रहा,
कहीं अगर टूट गया,
मिट्टी में मिल जाऊँगा
अपनों से बिछड़ जाऊँगा
इतना ही है जीवन
बरसों बरस इसी
भरम में लटका रहा।
पर टूटना तो नियति थी,
पूर्वतर मैं बिखर जाता
या मिट्टी में मिल पाता,
शोख चंचल हवाओं ने
उठा लिया अपनी बाँहों में,
डरता, झिझकता चल
पड़ा नये सफ़र की
अनदेखी राहों पर
तब जाना उड़ना ही जीवन है।
टूटने का दर्द भूला ही था
कि आँधियों ने रुख़ बदल दिया,
झंझावातों ने ला पटका
नदी की चंचल धारा में,
भीगता, उतराता

डूबता, सिहरता
स्वयं को कुछ-कुछ
पहचानने लगा,
अब जाना, समय की धारा में बहना ही जीवन है।
टूटने से जुड़ने तक
आँधियों के मुड़ने तक
इसी पल में जीवन है
शेष सब व्यर्थ की उलझन है,
अब जाना, रिक्त होना ही जीवन है,
तभी तो एक दिन
फिर से उग पाऊँगा
हाँ, मैं एक दिन फिर लौट आऊँगा।

✍विनोद दुबे

बाबा-सा ख़याल रखना

बर्थडे पर आईफ़ोन दिलाओ,
मज़ाक़ में अक्सर कहूँगी,
पर तुम्हारी बोरिंग-सी पोएट्री पर भी,
मैं बेइन्तहाँ ख़ुश रह लूँगी,
बस भीड़ में जब नज़रें मिले,
तुम देखकर मुस्करा देना ,
सड़क पार करने को चलूँ,
हाथ थामकर पार करा देना,
ये बातें मैं कभी कहूँगी नहीं,
तुम मन में इन्हें सँभाल रखना,
मेरे बाबा जैसे रखते थे,
वैसा ही तुम ख़याल रखना,

दोस्तों संग मनमर्ज़ियाँ करूँगी,
छोटी-मोटी मेरी भी ख़्वाहिशें होंगी,
कभी बेड टी की डिमाण्ड रहेगी,
कभी चटर-पटर फ़रमाइशें होंगी,
इससे मत मिला करो,
वहाँ मत जाया करो,
यूँ सड़क-वाले ठेले पर,
गोलगप्पे मत खाया करो,
कुछ मेरे मन की भी करने देना,

बात-बेबात मत वबाल करना,
मेरे बाबा जैसा रखते थे,
वैसा ही तुम भी ख़याल रखना,

एक पल में नाक पर ग़ुस्सा,
और दूजे पल में प्यार करूँगी,
जब भी जैसा महसूस होगा,
तुरन्त ही उसका इज़हार करूँगी,
हम लड़कियों के हार्मोन्स,
हमें ही नहीं समझ आते हैं,
तुम्हें शिकायत है कि मूड स्विंग,
पहले से तुम्हें क्यों नहीं बताते हैं,
लड़के ऐसे क्यों नहीं होते?
मत ऐसा स्टुपिड सवाल करना,
मेरे बाबा जैसा रखते थे,
वैसा ही तुम ख़याल रखना,

तुम्हारे घर मैं सिर्फ़,
तुम्हारे लिए आयी हूँ,
कितना भी कर लूँ मैं,
पर आज भी वहाँ परायी हूँ,
कई बातें लगती है दिल को,
मुझे रोने देना जी भरके,
कुछ समझाने की ज़रूरत नहीं,
पास बैठे रहना चुप करके,
बस हाथ थामे रहना और,
जेब में अपनी रूमाल रखना,
मेरे बाबा जैसा रखते थे,
वैसा ही तुम ख़याल रखना,

दादियाँ नानियाँ सहती आयीं,
मैं भी थोड़ा सा सह लूँगी,

जब दुनिया पर गुस्सा आयेगा,
तुमसे खरी-खोटी कह लूँगी,
तुम्हारा ब्लू और मेरा पिंक,
माना दोनों के अलग थीम हैं,
पर ज़िन्दगी की जंग में साथ उतरे हैं,
याद रहे दोनों एक ही टीम हैं,
मैं सात जन्मों तक ढाल बनूँगी,
बस तुम मुझे मत निढाल करना,
मेरे बाबा जैसा रखते थे,
वैसा ही तुम ख़याल रखना...

सावन

काग़ज़ में उम्मीद मिलाकर, हम नाव बनाया करते थे,
आँगन के पानी में वो सारे, ख़्वाब बहाया करते थे ,
सारी नाव लौट आती हैं, सावन की इन रातों में,
जिनको कभी बहा आया था, बचपन की बरसातों में,

जब सावन आने की ख़ुशियाँ, जानवरों से साँझा करते थे,
मेंढक ताल में टर्राते थे, मोर बाग़ीचे नाचा करते थे,
रंगीन-सी छतरी लिये हाथ, स्कूल हम जाया करते थे,
बस रेनी डे की छुट्टी हो जाये, सुबह से मनाया करते थे,

प्लास्टिक की चप्पल पहने, कीचड़ में कुदाई होती थी,
माँ के हाथों उसी चप्पल से, फिर घर में धुलाई होती थी ,
आँधी, पानी, घाघ्घो रानी, और पोषम पा खेला करते थे,
चाय-पकौड़ी, गरम समोसे, जी भर के पेला करते थे,

झूले पर वो बहनें सारी, पेंग लगाया करती थीं,
अपनी नाज़ुक हथेलियों में, मेहँदी का रंग रचाया करती थी,
देवर-भाभी की बातों में, सावन की शरारत पायी जाती थी,
धान की रोपाई में भी, खेतों में कजरी गायी जाती थी,

अब भी सावन आता होगा, बारिश में डूबा एक आँगन होगा,
काग़ज़ की एक नाव पड़ी होगी, वहीं कहीं मेरा बचपन होगा।
सारी नाव लौट आती हैं, सावन की इन रातों में,
जिनको कभी बहा आया था, बचपन की बरसातों में...

माँ के बाद पिता

माँ मर गयी तो पिता यूँ हो गये,
जैसे दो में से एक नहीं, सिर्फ़ शून्य शेष रह गया,
माँ पिता और बच्चों के संवाद का पुल थी, अब पिता अक्सर ख़ामोश रहते हैं,
माँ के साथ उनका वो पुल भी बह गया।

माँ थी, तो पिता नज़र आते थे,
माँ के साथ बेतुके बहस करते, मुस्कराते हुए माँ के ताने सुनते,
अपने पुराने टेप रिकॉर्डर पर, हेमन्त कुमार के गाने सुनते,
कभी-कभार पीली साड़ी पहने, माँ पिता के सामने आ जाती थी,
तो पिता उसे ग़ौर से देखते, वो उनके गाँव की सरसों की याद दिलाती थी,

सिर्फ़ माँ को पता होता था, पिता की चाय का बखत,
सिर्फ़ वही जान पाती थी, उनका स्वादानुसार नमक,
माँ अपने साथ उड़ा ले गयी है, पिता के किरदार के सारे रंग,
यूँ जी रहे हैं ज़िन्दगी आजकल, जैसे हो चला हो इससे मोहभंग,

जिन दोस्तों के लिए माँ ताने देती थी, आजकल उनसे भी मिलने नहीं जाते हैं,
हेमन्त कुमार के गाने कब से नहीं बजे, सिर्फ़ भजन-कीर्तन में वक़्त बिताते हैं,
किसी पुरानी वीडियो रिकॉर्डिंग में, जब माँ चलते-फिरते दिखती है,
तो पिता की आँखें स्थिर हो जाती हैं, उनसे कुछ कहा नहीं जाता,
सिर्फ़ उनकी नाराज़ आँखें सवाल कर पाती हैं,

तुमने मुझे क्यूँ धोखा दिया? मैंने तो तुमसे किया हर वादा निभाया था,
मुझे यूँ अकेले छोड़कर चली गयी, क्या इसी के लिए मैं तुम्हें ब्याहकर लाया था,
कभी चाय मिलने में देर होती है, तो माँ की तस्वीर की तरफ़
देखकर यूँ बुदबुदाते हैं, लगता है जैसे माँ यहीं कहीं है।
माँ के बाद पिता होकर, हमारे साथ नहीं हैं।

विदेश में माँ

जब माँ पहली दफा विदेश में आयी,
साड़ी पहने हिन्दीनुमा शक्ल लिये,
उसके माथे की टिकुली ग़ौर से देखते विदेशी,
जैसे ढूँढ़ रहे हों भारत का इतिहास, भूगोल,

आँगन और किचन में,
जीवन का अधिकांश हिस्सा गुज़ार,
जब विदेश में मेरे संग बाहर निकली,
चुँधियाई-सी फ़टी हुई आँखें लिये निकली,

निरखती रही ऊँची बिल्डिंगों और साफ़ सड़कों को,
"पाइप लगाकर रोज़ धोते होंगे"
फुसफुसाते हुए मुझे कहा,
धूल-धूसरित दुनिया की अभ्यस्त उसकी आँखों ने,

एसी कारों में खिड़की खुलवाने की ज़िद लिये,
रसोईघर की आदतन,
साड़ी के आँचल से पोंछती रही माथा,

जिन सब्ज़ियों को घर के पिछवाड़ेवाले खेत से खोंट लाती थी,
सुपर मार्किट से शॉपिंग करते वक़्त,
उन्हीं सब्ज़ियों की क़ीमत पर भक्का हो जाती,

विदेशियों का चोला पहने मेरे देशी दोस्तों से बतियाते,
वह हिन्दी के शब्दों को ढूँढ़ते हुए सकुचाती है,
और हिन्दी पाकर जब बेबाक होती, तो मैं सकुचाता हूँ,

कुछ महीने मेरे पास रहकर,
मुझे इस इन्द्रासन में बने रहने का आशीष देकर,
वो चली गयी,
यहाँ की बातें पड़ोसियों को अचम्भित होकर बताते,
यहाँ का गुज़रा वक़्त अपने आदिम उम्र से निकाल,
मन ही मन स्वर्गवाले उम्र में जोड़ लेती है,
पर माँ अपनी ज़मीन पर ही रहना चाहती है,
मेरे इस स्वर्ग में हमेशा नहीं आना चाहती...

वीकेंड

तलाशता रहता है मन,
उन्मुक्त मानसिक अवकाश,
जैसे देखती हैं किसान की आँखें,
इस मेड़ से उस नहर तक फैले खेत,
मैं भी ढूँढ़ता हूँ,
दूर तलक फैली आलसी वक़्त की मिट्टी,
जिसमें बो पाऊँ सृजन के कुछ बीज,
छत पर लेटे देख पाऊँ अनन्त आकाश,
तोड़ पाऊँ कल्पनाओं के अनगिनत तारे,

फैलते शहरों ने जैसे गाँव लील लिये,
व्यग्रता और आपाधापी ने,
हर लिया है इन्सान का सारा समय,
वक़्त की तंग सुरंग में चलते,
सूचनाओं की काई पर पैर फिसलते रहे,

जैसे स्लीपर बर्थ पर बैठा यात्री ,
देखता है स्टेशन पर उमड़ी भीड़ को,
मैं भी टिककर बैठने के लिए,
खोजता रहा निश्चिन्त समय का कोना,

और फिर हफ़्ते भर बाद,
दिखती है वीकेंड की स्फटिक शिला,
और सामने वक़्त का नीला जलाशय,
पानी में पैर डाले सारी व्यग्रताएँ डुबो देता हूँ,
मैं सोचता हूँ,
नसीब में इतना तो होना ही चाहिए,

शनिवार की भारहीन रात,
रविवार की निश्चिन्त सुबह,
पर सबकी क़िस्मत में नहीं होती,
एक स्फटिक शिला और नीला जलाशय...

निर्णय

जब विकल्प कई हों जीवन में,
अन्तर्द्वन्द्व चल रहा हो मन में,
जब राह न कोई सूझ रही,
इस कदर अँधेरा हो वन में,

जब लगे कि दोनों जाया है,
दोनों में कुछ खोया पाया है,
सही-ग़लत की ऊहापोह में,
नाहक ही वक़्त गँवाया है,

हर बात में कोई अर्थ लगे,
सारी तरकीबें व्यर्थ लगें,
निर्णय बड़ा ज़रूरी हो पर,
ख़ुद में न इतना सामर्थ्य लगे,

आँखें मूँद उसे तुम याद करो,
तुम! ईश्वर से संवाद करो,
थोड़ी देर ठहरकर सोचो,
अपनी ऊर्जा न यूँ बर्बाद करो,

औरों की चिन्ता छोड़ वहीं,
निर्णय होगा भीतर ही कहीं,

फिर बढ़ जाना उस पथ पर,
जो तुम्हारे दिल को लगे सही,

छूटे पर मत पछताना तुम,
निर्णय लेकर मत रोना तुम,

ईश्वर के नाम समर्पित कर,
बस चैन की नींद सोना तुम,

कैसे भी निर्णय लोगे तुम,
चुनने में मुश्किल होगी,
पर मन का निर्णय लोगे तो,
आगे की यात्रा ज़रा सरल होगी,

नियति के आगे जीवन में ,
तुम्हारा चयन खड़ा नहीं होता,
कोई भी कैसा भी निर्णय,
जीवन से बड़ा नहीं होता...

शान्ति प्रकाश उपाध्याय

यह शाश्वत है

यह शाश्वत है, यह शाश्वत है

मेरी रग-रग में बसता है,
मानव-मूल्यों को भरता है,
वसुधैव कुटुम्बम् का ये प्रेरक,
हर संस्कृति का पूरक है,
ये शाश्वत है ये शाश्वत है!

सर्वे भवन्तु सुखिनः है ये,
त्याग सत्य का प्रेरक ये,
यह सब का मंगलकारी है,
यह जीवन की लयकारी है,
ये शाश्वत है ये शाश्वत है!

जन-जन है व्यापक ये,
राम-राम का साधक ये,
अनुराग राम में करता है,
त्याग भरत का व्यापक है।
ये शाश्वत है ये शाश्वत है!

कृष्ण यहाँ सारथी बने,
मैत्री के मोल को समझाया,

शबरी के जूठे बेरो को,
भगवान राम ने अपनाया।
ये शाश्वत है ये शाश्वत है!

गुरु के रजकण को लेकर के,
एकलव्य शिष्य कहलाते है,
गुरु पूज्य प्रभु से बढ़कर है,
जो मोक्ष-मार्ग दिखलाते है।
ये शाश्वत है ये शाश्वत है!

पंचभूत से बनी सृष्टि,
निर्जीव जीव में व्यापी है,
सूर्य चन्द्र सब देव यहाँ,
गंगा माँ पूजी जाती है।
ये शाश्वत है ये शाश्वत है!

ईश्वर का मिलन यहीं सम्भव,
भौतिक शरीर से होता है,
मानव शरीर नश्वर है ये,
आत्मा एक अविनाशी है।
ये शाश्वत है ये शाश्वत है!

भक्तों को तार रहे भगवान,
बस राम नाम की महिमा से,
कितने ही अजामिल धन्य हुए,
तुम भी तो पुकारो भगवान को!
ये शाश्वत है ये शाश्वत है!

विवशता

आज क़हर है नहीं इन्द्र का,
फिर भी है ब्रज डूब रहा,
हे गिरिधर! तुम कब आओगे?
गोवर्धन है बहुत बड़ा।

इस कृत्रिम जीवन-प्रकाश में
शिला बनी है मानवता,
हे रघुवर! तुम कब आओगे,
बनी अहल्या, सभी व्यवस्था!

इस विपदा में कुछ है एकल,
अपनों ने ना मुखाग्नि दी,
कुछ ने तो अपने अन्तिम क्षण में,
दूजों को जीवन दान दिया!

कुछ तो है अभिमन्यु से,
डरते नहीं चक्रव्यूह से,
वैद्य, नर्स, पुलिस भेष में,
लड़ते हैं बहुभाँति वीर से।

हममें है कुछ राजनीति में,
कुछ जी रहे हैं अतीत में,

रस्ते पर हम आकर देखें,
पीड़ित हर मन, अपने गीत में!

आज लगी है शव की बोली,
अस्पताल से, श्मशानों तक,
निष्ठुर-सा, यह मन बोले,
तेरा भी है इस क़तार में!

दर्द बहुत है, सबके दिल में,
मन सागर-सा छलक रहा,
उफानें लेता वह हर क्षण,
उफ़! मानवता पर भभक रहा!

हे दयानिधि! हे मधुसूदन!
दया करो, हे बनवारी!
त्यागो अपना क्रोध, हे केशव,
यह पुकार है, गिरिधारी!

स्वर्ण पदक

(भारतीय भाला फेंक खिलाड़ी नीरज चोपड़ा के लिए)

नीर बने तेरा भाला,
दूर गगन में भेद करे,
भारत के कर को भर दे,
स्वर्ण पदक की आस लिये!

भाला फेंक गिरे तू रज पर,
नीरज-सा तू खिले-खिले !
खड़ा हुआ जब सतासी पर,
जन-गण-मन की गूँज करे।

हॉकी की खनखन

जीत अगर पैमाना है तो,
यह पैमाना है झूठा,
तूने तो जग जीत लिया था,
जब हॉकी को अपनाया!

हार-जीत की नैया में,
तू डूबे कभी उतराये,
पर तेरे कंगन की खनखन,
हरदम नाद बजाये!

पोस्टकार्ड-पत्रों की स्मृति!

मेरे घर का पुराना बक्सा,
नवोदय के पत्रों से भरा है,
मैंने जो भी लिखा था,
विविध रंगो से सजा है!

पन्द्रह पैसे के पोस्टकार्ड पर,
पन्द्रह करोड़ की बात,
कुशलता की कामना से लेकर,
यादों की अनगिनत बात,

पन्द्रह पैसे का वो कार्ड,
हज़ारों कहानियाँ बताता था,
कभी अपनों को तो,
कभी दूसरों को भी रुलाता था।

मैं कुशल से हूँ, चिट्ठी की यही बात,
सबको एक साथ राहत देती थी,
याद की बात करने पर,
आँसुओं की बरसात,
एक साथ होती थी।

'आई लव यू' कभी नहीं लिखा,
उनकी कुशलता की कामना ही,

प्यार की सच्चाई थी,
पढ़ने की लालसा ही,
बन्धन की शहनाई थी।

पन्द्रह पैसे का पोस्टकार्ड,
पन्द्रह दिन में मिलता था,
ह्वाट्सएप्प की तरह नहीं,
नवोदय से लिखा वह पत्र,
पूरे परिवार को,
एक साथ मिलता था।

अपने अंकों की गाथा,
क्रिकेट के स्कोर की बड़ाई,
अगली परीक्षा का दिनांक,
लिखता था सब कुछ,
जवाब भी आता था,
जब हॉस्टल से घर जाता था,
सारे पत्र एक-एक कर,
मोतियों-सा सजा पाता था!

अपनों को लिखना,
सबको समझना,
दिल की बात उड़ेलना,
गागर में सागर भरना,
पत्र सब कुछ सिखाता था,
पत्र ऐसी चीज़ थी जनाब,
जीवन का हर रंग बताता था।

पता है आपको,
वह ट्विटर के ट्वीट की तरह,
दिन में सौ बार पढ़ा जाता था,

पन्द्रह दिन बाद मिलता था,
पर ह्वाट्सएप्प से ज़्यादा,
अप्डेटेड माना जाता था!

पन्द्रह पैसे का पोस्टकार्ड,
मार्क जुकरबर्ग से बड़ा विधाता था,
ओटो पापअप की तरह रोज़,
डाकिया घर घण्टी बजाता था!

फ़ेसबुक नहीं था,
पोस्टकार्ड और अन्तरर्देशी था,
फिर भी पत्र लिखने वाले का,
चेहरा साफ़ नज़र आता था!

कभी-कभी पुरानी बातों को,
उधेड़ना अच्छा लगता है,
अपने प्रेम-पत्रों को पढ़ना,
तनहाइयों से अलग करता है!

पहला पत्र आपने भी,
कभी लिखा होगा,
शायद किसी की याद में,
जब दूरियाँ लम्बी होंगी,
तो लिखा होगा!

दूरियाँ कभी झिझक की,
तो कभी अहम की होती है,
पत्र अपने आप में,
कम बोलने वालों के लिए,
एक दुआ होता है!

नवोदय का पहला पत्र,
पुरानी बरसाती में लिपटा,
उन्नीस सौ सत्तासी से,
किसी सन्दूक़ में जमा है।

किसी के दिल पर,
और किसी के स्मृति-पटल पर,
वह आज भी छपा है!

हो सके तो अपने बच्चों से,
चिट्टी लिखाना शुरू करूँगा,
बूढ़े होने पर,
तनहाइयों को दूर करने के लिए,
उनकी लिखावट पढ़ा करूँगा!

✍ शार्दुला झा नोगजा

वेदना पे चेतना की जीत होगी

वेदना पे चेतना की जीत होगी
द्वेष से ऊँची सदा ही प्रीत होगी
भाग्य के चपला पगों का क्या भरोसा
आभ मन की दुर्दिनों की मीत होगी

दर्द है तो, दर्द का भी अन्त होगा
पीर औरों की हरेगा, सन्त होगा
मौन तरुवर जीर्ण सुर के पात तजकर
कोपलों की कुहुक से जीवन्त होगा

तुम प्रिये, छिड़को प्रभा के बीज अरुणिम
आस की कलसी उड़ेलें मेघ स्वर्णिम
आतुरा होकर भरेगी गोद विधि की
और अपना हास्य होगा गान अन्तिम!

मुक्तक

चक्रवर्ती ब्याज में डूबा हुआ अभिमन्यु अब तो
व्यूह से बाहर निकलने का भी पथ तकता नहीं है
प्लास्टिक के पेड़ पे बैठी चिरैया सोचती है
कैसा है ये फल, कि रुत आने पे भी पकता नहीं है!

यादों के थके मुसाफ़िर

जब यादों के थके मुसाफ़िर, पाँव नदी में धो आते हैं
देर रात तक चूल्हे जल के, गन्ध पाहुनी बिखराते हैं।

माँ-बाबू जी के दुलार का, हाथ रहे जब सर के ऊपर
चाहे दिशाशूल में निकलूँ, कार्य व्यवस्थित हो जाते हैं।

बहना ने भेजी जो हमको, हँसी-ठिठोली चिट्ठी में भर
जब भी उनको खोल पढ़ूँ मैं, याद सुनहरी बो जाते हैं।

कितने सालों बाद जो ननदी, घर सबसे मिलने आती है
गठियावाले पाँव हैं चलते, दर्द पुराने खो जाते हैं।

आँगन में आता है जब भी सावन का हरियल-सा महीना
बिना तुम्हारे पिया ये प्यासे नयन कटोरी हो जाते हैं।

फिर अतीत की खुली डायरी

फिर अतीत की खुली डायरी और तुम्हारी बात हुई!
लेटा रहा क्षितिज पर सूरज, सारे दिन बरसात हुई!

एक नेपकिन जिस पे कॉफ़ी के दो मग की जड़ी निशानी
माफ़ीनामा लिखा तुम्हारा, मेरी थी जब कारस्तानी
मोरपंख जो खींचा-खाँची में आधा-सा टूट गया था
पहली बार तुम्हारा चुम्बन, जब मैं सच में रूठ गया था

कँपकँपायी पलकों की छतरी, फिर बूँदों से मात हुई!
पसर गया थोड़ा-सा सूरज, सिर्फ़ तुम्हारी बात हुई!

सुन पुकार सीमाओं की सब छोड़ मेरा वो चल देना
'देखूँगी मैं राह', तुम्हारा धैर्य बँधा सम्बल देना
छली विरोधी, रायफ़ल, गोली, मौत सामने जब आती
तुम संग जीने की उत्कण्ठा, विजय पताका लहराती

लौटा, तब तक ब्याह चुकीं तुम, विधना! कैसी घात हुई!
लिपटा लाल रंग में सूरज, स्याह मेघ से मात हुई!

कोई तो मजबूरी होगी, मुझे विदित तुम मौन रहोगी
इधर-उधर की पटर-पटर, पर दुःख अपना चुपचाप सहोगी
गीत मेरे तुम ना गाओगी, तो फिर क्या मैं लिख पाऊँगा
जीवन में अतीत के पन्नों पर मैं बिखर-बिखर जाऊँगा!

चार दिनों की सुना ज़िन्दगी, मेरी तो बस रात हुई!
सूरज उगा नहीं बरसों से, उम्र स्याह दवात हुई!

सूरज-से मेरे दादा जी!

सूर्य किरण फिर आज पहन के एक घड़ी जापानी
कमरे में आयी सुबह-सवेरे, मिन्नत एक ना मानी
हाय! तिलस्मी सपनों में मैं मार रहा था बाज़ी
और हैं दादा जी, "जल्दी उठ्ठो" आवाज़ लगा दी!

बिल्कुल मेरे दादू जैसा ही है ये सूरज भी
सुबह इसे आराम नहीं, ना देर रात धीरज ही!
"जल्दी सोना, जल्दी उठना", यही राग ये गाते
ऊपर से हर रोज़ एक-सा गाते, गीत सुनाते!

"नाक में उँगली, कान में तिनका
मत कर, मत कर, मत कर!
दाँत में मंजन, आँख में अंजन
नित कर, नित कर, नित कर!"

ज़रा कहो तो 'टूथ ब्रश' को मंजन कौन है कहता?
और कौन सी नाक ना जिसमें आँगुर घुसा है रहता!
आँख में अंजन, यानी काजल, मैं लगाऊँ? पागल हूँ!
दादा जी जो सूर्य चमकते, मैं चंचल बादल हूँ!

लड़ता रहता हूँ मैं उनसे, हम हैं यार घनेरे
माँ के बाद वही तो हैं ना सबसे अपने मेरे

अपने मन की बात सभी मैं झट उनसे कह देता
और ना सोता रात में जब तक क़िस्से ना सुन लेता!

दादा जी ने ही सिखलाया, नहीं माँगना कुछ ईश्वर से
और नहीं कुछ माँगा करता मैं भी दादा जी के डर से
एक बात बस आप से कहता, दादाजी को नहीं बतायें
हूँ मैं चाहता मेरे बच्चों को दादू ही गा के उठायें!

सूरज-से मेरे दादा जी! मेरे काबा, मेरे काशी!

गोविन्द दामोदर माधवेति

बाल कृष्ण वट पात पे, पकड़े हाथ ललाम।
अम्बुज मुख से चूसते, पाँव अँगूठा थाम।।

माखन ले गोकुल फिरी, प्रेमसिक्त हो नार।
'दूध-दही' बोले नहीं, 'माधव' करे पुकार।।

ऊखल से कान्हा बँधे, सिसक करें मनुहार।
जसुमति मैया खोल दे, मैं छोटो सुकुमार।।

मिल-जुल गोपा-गोप जन, लें दामोदर नाम।
घर-घर गूँजे रात-दिन, नाम कृष्ण अभिराम।।

चीरहरण दु:शासनी, पाण्डव को धिक्कार।
कृष्णा ने रोकर कहा, करो कृष्ण उद्धार।।

साधारण मानव रहे, जपे कृष्ण जब नाम।
करें श्याम उद्धार तो, मिल जाये प्रभु धाम।।

बाँधी बछड़े पूँछ से, चोटी गोप कुमार।
दामोदर! खोलो इसे!, मैया रुष्ट पुकार।।

भोर हुई बालक चले, बेंत लकुटिया हाथ।
गाय चराने ओ सखा, चलो हमारे साथ।।

जिव्हा मधुरस चाहती, कर माधव गुणगान।
मीठा इससे विश्व में, ना कोई मिष्ठान।।

गज को पकड़ा ग्राह ने, बेबस हुआ अधीर।
क्या आओगे नाथ जब, छूटे अधम शरीर।।

कृष्ण दु:खों का अन्त हैं, वे ही सुख के सार।
जप ले माधव नाम तू, जब छोड़े संसार।।

गोपाला वंशीधरा, रूपसिन्धु लोकेश।
दामोदर मधुसूदना, दीनबन्धु योगेश।।

दे नहीं पाये तिमिर में तुम मुझे आलोक के क्षण

दे नहीं पाये तिमिर में तुम मुझे आलोक के क्षण
कह नहीं पाये जगत् से मैं मिली हूँ प्रेरणा बन
नेह घटते दीप का उपहार लेकर क्या करूँगी
कान में यूँ फुसफुसाता प्यार लेकर क्या करूँगी

मैं व्यथित थी तब तुम्हें अवकाश के क्षण मिल न पाये
फूट रोयी मैं अकेली, नयन ना तुमने भिगाये
आज हाथों में समय ले, हो उपस्थित, मानती हूँ
तुम प्रणेता, सैकड़ों मजबूरियाँ, मैं जानती हूँ

किन्तु मैं भी स्वयंसिद्धा, मैं नहीं कोई भिखारिन
प्रेयसी मैं हूँ तुम्हारी, मैं नहीं सरला पुजारिन
अहं से लिपटे कनक का दान लेकर क्या करूँगी
भावना से हीन झूठा गान लेकर क्या करूँगी

कौन कहता स्त्री कभी रचती नहीं वैदिक ऋचाएँ
चन्द्रमुख सन्दल बदन पर शोभती यौगिक विभाएँ
मैं तुम्हारे शास्त्र का लघु ज्ञान लेकर क्या करूँगी
जन्मदात्री, मैं नदी, पाषाण से मैं क्या डरूँगी!

शीतल जैन

एक पाती सूरज के नाम

ढलते, अस्त होते, रक्ताभ सूरज,
तुम दिन भर ख़ूब चमकना
हर अँधियारे कोने को रोशन करना
सूरजमुखी खिलाना, ओस की बूँदों पर दमकना
बदलियों संग अठखेली करना
धानी चूनर को सुनहली कर देना
ठिठुरते बूढ़े तन को गर्माहट देना
लेकिन साँझ ढले जब तुम चाहो, अपना-सा शान्त कोना
दिन भर की थकान उतारना
किसी आलिंगन में क़तरा-क़तरा पिघलना
सुकून के पलों में ढलना
तो तुम बेझिझक मेरे पास आना
कुछ मत कहना, मैं भी चुप ही रहूँगी
बस हौले से सर रख देना मेरी गोद में
उतार जाना दिन भर की सारी थकान मेरे काँधों पर
छोड़ जाना चिन्ता की सारी लकीरें मेरे माथे पर
मूँद लेना अपनी आँखें, देख लेना कुछ सपने
जी लेना अपने हिस्से के कुछ पल सिर्फ़ अपने लिए
सुबह तो तुम्हें फिर चमकना होगा ना दुनिया के लिए
—तुम्हारी साँझ।

मूक प्रतीक्षाएँ

किसी के चले जाने से
वेदनाओं का अन्त नहीं होता
पथराई आँखों में जन्म लेती हैं
बिलखती प्रतीक्षाएँ...
मूक प्रतीक्षाएँ...
संवादों की समाप्ति पर
उत्पन्न होता है
अनन्त मौन और
पसर जाता है
स्मृतियों के खँडहरों में।

ठीक उस काल जब
काल का ग्रास बनने
को आतुर होती हैं कुछ स्मृतियाँ,
कुछ तितलियाँ फुदकती हैं
ज़िन्दगी के काँधे पर और
छोड़ देती हैं आशाओं के चमकीले रंग
ज़िन्दगी को फिर से जीवित करने के लिए

बदलियाँ

हैरान, परेशान हैं घनघोर बदलियाँ
बरसेंगी कहाँ, किस ओर बदलियाँ।

नाराज़ हैं किसी पे, या कस रही हैं तंज़
क्यूँ हो गयी बेबाक, यूँ बेताब बदलियाँ
बरसेंगी कहाँ, किस ओर बदलियाँ
हैरान, परेशान, हैं घनघोर बदलियाँ।

शामत पे है आमादा या किस बात का है रंज
क्यों इस क़दर हैं आज बदहवास बदलियाँ
बरसेंगी कहाँ, किस ओर बदलियाँ
हैरान, परेशान, हैं घनघोर बदलियाँ।

कितना ग़दर मचायेंगी, कभी तो होंगी बन्द
बन्दिशों में बरसों थीं ये क़ैद बदलियाँ
हैरान, परेशान, हैं घनघोर बदलियाँ
बरसेंगी कहाँ, किस ओर बदलियाँ।

‘अहमक’ प्रीत

एक बादल, बिन बरसे प्यास बुझाता था
एक धरती, जो भीगी फिर भी प्यासी थी

एक समन्दर, गहरा, शान्त ही रहता था
एक नदी, निश्चल, कल-कल बहती थी

एक चाँद, बदली में नूर छुपाता था
एक चाँदनी, छू लो तो बिखरी जाती थी

एक फूल, भँवरों से नज़र चुराता था
एक कली, जो खुल के जीना चाहती थी

एक परिन्दा, उड़ने की सोचा करता था
एक गौरैया सपनों का नीड़ बनाती थी

एक पतंगा, ख़ुद में ही गुमसुम रहता था
एक शमा, इन्तज़ार में जल जाती थी

एक कृष्ण, लोगों के बीच अकेला था
एक मीरा कण-कण में कृष्ण को पाती थी

एक प्रेम, निःस्वार्थ, निरन्तर चलता था
एक प्रीत बिन बोले साथ निभाती थी

माँ! तुम और मैं विरोधाभासी हैं

गरम रेत का किनारा
शीतलता का एहसास कराती लहरें
विरोधाभास है दोनों में
माँ! तुम और मैं
हम भी तो विरोधाभासी हैं
तुम शीतल लहरों की भाँति
और तपती रेत की तरह मैं
आतुर रहती हूँ हर पल
तुम्हारी शीतलता में सराबोर होने को
और तुम बाँहें फैलाये
भर लेती मुझे अपने अंक में
तुम्हारी लहरों में आश्रय पाकर
भूल जाती मैं सारे दु:ख
मुस्कराकर, तुम प्रेरणा देती हो जीने की
मैं लहरों में भीगी रेत की तरह
विलीन होकर तुममें
अपना अस्तित्व पा लेती हूँ

कुछ लोग

इन्सानियत की करने लगे हैं रुसवाई
अब नहीं करते हैं भलाई कुछ लोग

सोचते हैं कुछ और दिखते हैं कुछ और
बाज़ की नज़रें रखने लगे हैं कुछ लोग

ग़ुलशन से बग़ावत की बू आने लगी
अपनों से ख़िलाफ़त करने लगे हैं कुछ लोग

बात करते सहारे की भर के आँखों में अंगारे
दोस्ती को बदनाम करने लगे हैं कुछ लोग

ख़ुद पर एतबार नहीं, औरों की क्या बात करें
हर क़दम पर डगमगाते हैं मेरा हौसला कुछ लोग

आँधियों के ज़ोर से तिनका-तिनका हो जाऊँ ना
जो आँधियों के तेवर रखने लगे हैं कुछ लोग

हौसलों, उम्मीदों पर टिकी है सारी कायनात
तूफ़ान से कश्ती निकाल लाते हैं कुछ लोग

ज़माना उतना बुरा नहीं, जितना सभी कहते हैं 'अहमक'
कहने वालों से ज़माना है क्यों भूल जाते हैं कुछ लोग

✍स्मिता विवेक कुँवर

बचपन से पचपन का प्यार

तुम्हें हर रोज़ एक ख़त लिखा ये राज़ बताते हैं
कि अपनी पोशीदा मोहब्बत को आज जताते हैं
तेरे बग़ैर बचपन से हम पचपन तक चले आये
मगर कुछ दोस्त तेरा, नाम लेकर, अब भी सताते हैं

तेरा वो देना ईंट में चिट्ठी, मेरा करना ताक़त इकट्ठी
जिसे बिन पढ़े ही फेंक दी, याद है माँ की वो भट्ठी
ना जाने कितनी यादें हैं, जो हम लिख भी नहीं पाये
लकीरों में हों शायद हम, देखो तो खोल के मुट्ठी

बचपन तो बीत गया अब चलो, बचपना बिताते हैं
दिल के हर कोने में हो तुम, ये आज दिल से बताते हैं

तुझसे माँगना है बीते दिन, गुज़री हुई रातें
कि दिन ढलने में भी ना ख़त्म होने वाली वो बातें
हमारा ग़ैर हो जाना, तुम्हारा दूर हो जाना
यक़ीं होता नहीं अब तक, सपनों का चूर हो जाना
चलो फिर साथ बैठकर, कुछ पुरानी यादें सजाते हैं

जो इस मोड़ पर हम फिर मिले, साज़िश ख़ुदा की है
बालों में सफ़ेदी है मगर ख़्वाहिश जुदा-सी है
तुम्हारे साथ फिर एक जीवन जीना है मुझे

ये ग़लत है तो रहे, ज़हर ये पीना है मुझे
ये ख़ुशियों के जो आँसू रुक गये फिर से बहाते हैं

ज़माने की ख़ता ना थी, ये कुछ तेरी थी कुछ मेरी
हुए मसरूफ़ दुनिया में, कि बढ़ती ही गयी दूरी
तुम्हें एतबार ना हुआ, हमसे इन्तज़ार ना हुआ
पर यह सच है तुम्हारे बाद, किसी से प्यार ना हुआ
जो जी ना पाये वो लम्हे, हमें फिर से बुलाते हैं

यही वो मोड़ है जिस पे, मुड़े थे छोड़कर हम तुम
बरसों बाद देखा तो, हुए मदहोश और गुमसुम
हमें उम्मीद थी तुमसे मिलेंगे एक दिन दिलबर
तुम्हारे बिन जिये, पर मरेंगे, जब साथ होओगे तुम
दूरियों में है कैसा इश्क़, ये दुनिया को बताते हैं
दिल के हर कोने में हो तुम, ये आज दिल से बताते हैं

पिता

हाँ मैं माँ जैसी दिखती हूँ, ये रूप रंग माँ से पाया
कुछ अंश मातृ का होना है, उनसे ही मिली है ये काया
पर पिता की प्यारी बेटी हूँ, मुझे साथ मिला हर मोड़ पर
थोड़ी माँ, काफ़ी सारे पिता, यूँ बनी मैं सबको जोड़कर
मैं ऐसा कभी नहीं कहती, कि माँ से मुझको प्यार नहीं
पर पिता से थोड़ा ज़्यादा है, इस बात से भी इनकार नहीं
नहीं हूँ मैं अभिनेत्री, जो कि अभिनय करके बतलाऊँ
इस कविता के माध्यम से ही, मन के विचार जतलाऊँ
ईमानदारी, सच्चाई है उसमें, पिता से जो संस्कार मिला
हुई सशक्त मैं इस दुनिया में, जब पापा का प्यार मिला
ऐसे पावन चरणों को, क्यूँ छूने का अधिकार नहीं
मैं ऐसा कभी नहीं कहती, कि माँ से मुझको प्यार नहीं
पर पिता से थोड़ा ज़्यादा है, इस बात से भी इनकार नहीं

पिता ने सिखाया जीवन में, झुकना नहीं पर लड़ना नहीं
अपनी सच्ची बातों को, कहने से कभी भी डरना नहीं
पढ़ो लिखो, अच्छे काम करो, ऊँचा देश का नाम करो
प्यार करो, सहयोग करो, पर कभी ना व्यर्थ अभिमान करो
समय पैसे ख़र्च किये हम पर, किया कभी विचार नहीं
मैं ऐसा कभी नहीं कहती, कि माँ से मुझको प्यार नहीं
पर पिता से थोड़ा ज़्यादा है, इस बात से भी इनकार नहीं

मैं स्त्री हूँ, मैं माँ भी हूँ, मैं बेटी हूँ, है सब स्वीकार
पर अगले जनम में बनाना बेटा, सुन लो विनती ये करतार
मुझे नहीं देखना है कि पिता, फिर से रोयें विदाई में
उनको अश्रु नहीं देना है, फिर बेटी बन के जुदाई में
और बहे अब पिता के आँसू, ये मुझको स्वीकार नहीं
मैं ऐसा कभी नहीं कहती, कि माँ से मुझको प्यार नहीं
पर पिता से थोड़ा ज़्यादा है, इस बात से भी इनकार नहीं

आज तुम्हारे जन्मदिन पर मुझको एक उपहार मिले
स्वस्थ चिर आयु हों पापा मेरे, तो मुझको संसार मिले
नहीं चाहिए मुझको दौलत, हीरे-मोती का हार मिले
जब जनम मिले तुम ही हों पिता, और मुझको तुम्हारा प्यार मिले
माँ की ममता पता है सबको, क्यूँ पिता के लाड़ का प्रचार नहीं
मैं ऐसा कभी नहीं कहती, कि माँ से मुझको प्यार नहीं
पर पिता से थोड़ा ज़्यादा है, इस बात से भी इनकार नहीं

प्रकृति का उपकार

पेड़-पौधे, नीर-पवन, सब जीवन का आधार है
हे मानव तुम भूल ना जाना, ये प्रकृति का उपकार है
वातावरण की गोद में हमको, सम्पूर्ण रस दिखते हैं
मन्द पवन में प्रेमी युगलों के, रोम-रोम महकते हैं
कड़कड़ाती बिजली में, भयानक रस का आभास आता है
पर चिलचिलाती धूप में, वीररस-सा उत्साह भाता है
रसों से भरा रस-भरा अपना, यह सुन्दर संसार है
हे मानव तुम भूल ना जाना, ये प्रकृति का उपकार है

धरा और नभ का क्षितिज दृश्य, अद्‌भुत रस याद दिलाता है
चिड़ियों की चहक, मछली की क्रीड़ा मन में निर्वेद जगाता है
बछड़े का गाय दुग्ध पान, वात्सल्य रस की मूर्ति है
अमरनाथ पे शिवलिंग स्वतः बन जाना, भक्ति रस की पूर्ति है
झरने, सरिता शान्त झील, सब क़ुदरत का उपहार है
हे मानव तुम भूल ना जाना, ये प्रकृति का उपकार है

यूँ ही नहीं धरती को हमने, माता-सा सम्मान दिया
इस धरा ने हम सबको, बिन माँगे सर्वस्व प्रदान किया
स्वास को ऊर्जा, गले को ठण्डक, पेट को भोजन मिलता है
क़ुदरत में हमको जीने का हर एक प्रयोजन दिलता है
मानव के तन-मन के पूरक, क़ुदरत के आचार हैं
हे मानव, तुम भूल ना जाना, ये प्रकृति का उपकार है

अणु, परमाणु और कीटाणु, किस-किस का अब नाम लें हम
यही समय है इस विनाश को इसी जगह पर थाम दें हम
अच्छा समय नहीं रहता तो बुरा समय क्यूँ रुक जायेगा
धरा के प्रेम से आसमान भी क्षितिज के पास में झुक जायेगा
माफ़ करो अब धरती माता, क्षमा बच्चों का अधिकार है
हे मानव तुम भूल ना जाना, ये प्रकृति का उपकार है

पेड़-पौधे नीर-पवन, सब जीवन का आधार है
हे मानव, तुम भूल ना जाना, ये प्रकृति का उपकार है

✍डॉ. स्मिता सिंह

रहबर

पूछ रही हूँ नीले गगन से एक गगन भेदी प्रश्न
आसमान को छूने की है चाहत कुछ ऐसा ही है मेरा प्रश्न
पूछ रही खुले आसमान से पलटकर
आसमान जैसे जवाब माँग रहा हो
क्यों आसमान की चाहत है मुझको
पलटकर पूछना लाज़मी है
प्रश्न करना उसका अधिकार
क्यों आसमान ही मैं चाहती हूँ?
क्यों न चाहूँ आसमान मैं लायक़ ख़ुद को समझती हूँ॥
धूप कड़ी थी पर मैं ना डरी थी
हर मौसम में निडर खड़ी थी
हर राह पर रोड़े-कंकड़
लोगों की प्रश्नवाचक पैनी-सी नज़र।
जीवन के जब सारे प्रहर देख और समझ लिये
तब रखी आसमान पर नज़र
चेष्टाएँ पुरज़ोर निश्चित लक्ष्य की सहर
नयी सुबह का इन्तज़ार
ख़ुद की रहबर मैं ख़ुद ही हूँ
रहबरी करने वाला नहीं कोई मेरा
एकाकीपन से सीखती रही मैं।
मार्गदर्शन करती रही॥
अभिवादन मेरा सभी नाम के रिश्तों को

और प्रणाम उन सभी अपनों को
छोड़ दिया था उस समय मेरा साथ
जब चाह रही थी मार्गदर्शन
सीख ली एक बात गाँठ बाँध ली
अन्तर्मन और अनुभव संग
अनमोल लम्हों को खोने के बाद–
सीख ली करनी अपनी रहबरी

बहेलिया

एक कहानी जो सुनी मैंने बचपन में
बहेलिया आयेगा तुमको हर ले जायेगा
कभी ना फँसना बहेलिये के कृत्रिम प्रेमबाण में,
दाने संग फेंके गये तिलस्मी जाल में।।
यह थी छोटी चिड़िया की कहानी–
अब तो इन्सान भी फँस रहे तिलस्मी जाल में
थोड़ी बड़ी हुई तब यह अहसास हुआ
लगने लगा जैसे लोगों को पहचान गयी।।
समझ न आया–
लोगों का फैलाया मायाजाल
मैं तो भोली-भाली थी
छोटी चिड़िया जैसी ही थी
बेज़ुबान चिड़िया थी मुझसे बेहतर
छली गयी मैं जिसके पास ज़ुबान थी
भर जाती हैं आँखें मेरी
जब पीछे मुड़कर देखती हूँ
रिश्ते बने और जुड़ गये थे उन सबसे
मन-मस्तिष्क जब मिल गये थे उनसे
हँसी-ठिठोली में वक़्त बीतता रहा
जीवन लग रहा था सरल
क़रीब बने वही रिश्ते
जो बुनते रहे कई प्रपंच।
चलो भूल जाने की कोशिश

करते हैं एक बार फिर
याद रखते हैं बस एक ही बात
मन से मन जब मिल गये थे
तभी रिश्तों में बँध गये थे
भूल जायें उनके प्रपंच
याद रखें बस
मीठी और प्यारी सौग़ातें
समझ जायें और मूक-से हो जायें।
छोटी चिड़िया से बड़े हो जायें।
रखें विश्वास ख़ुद पर
नि:स्वार्थ रूपी अहसास
आज यहाँ हैं
कल किसे पता
पता बदल जायेगा
या शहर बदलेगा
या फिर अलविदा दुनिया
कहने में न वक़्त लगेगा
कर्तव्य निभाने की क़वायद
रिश्ते निभाने के क़ायदे
भूलते हैं उनके प्रपंच,
दिखाते हैं बस प्यार के रंग।
जीवन है तब लोग भी मिलेंगे
ये है उनका ढंग।
पता नहीं जग जा रहा किधर
अन्तहीन इच्छाओं का जाल बन गया जंजाल।
पूर्णता की इच्छा में अपूर्ण जीवन जीते लोग
अनगिनत आकांक्षाएँ
झूठे दिखावों को समझ रहा सम्मान
शतरंज की चालें चलता इन्सान
रिश्तों को तोल रहा रुपयों की खनक से,
आकर्षित हो रहा पैसों की झलक से।

चारपाई

चार पैरों-वाली चारपाई जो चार पैसों से थी बनायी
हसरतें निर्धन की सीमित सिमटी-सी
दीवारों पर लिखती रहती थी ख़्वाहिश
चाँद की शीतल चाँदनी से भी करती रहती थी सिफ़ारिश।
टूटे तारों के इन्तज़ार में आसमान निहारती आँखें उसकी
करती रहती थीं मनुहार
कब दीदार हो टूटकर गिरते तारों का
कब ख़्वाहिश पूरी हो जाये
इन्तज़ार ख़तम हो बन जाये मेरा सुखी संसार।
निर्धन की छोटी-सी ख़्वाहिश बस
चार प्रहर सुबह शाम दोपहर रात।
चार ही दिशाएँ, चार दिन की ज़िन्दगानी
चार पैसे कमाने हेतु लगे लोग होड़ में
बेशुमार दौलत अर्जन कर
बन गये हैं मशीनी
रखते नहीं किसी से सरोकार।
लोग हो गए मतलबी पूछते ही नहीं हालचाल
अन्तहीन इच्छाओं का जाल बन गया है जंजाल।
पता नहीं जग जा रहा किस ओर
पूर्णता की इच्छा में अपूर्ण जीवन जीते लोग
दिन-रात फ़िकर में विचलित इन्सान
झूठे दिखावों को ही समझ रहा सम्मान

शतरंज की चालें चलता इन्सान
रिश्तों को तोल रहा रुपयों की खनक से
आकर्षित हो रहा पैसों की धनक से

निश्छल मुस्कान

हरेकृष्ण की महिमा, अधरों पर जिनके निश्छल मुस्कान
आँधी-पानीवाली रात, वह काली रात
कृष्ण-जन्म की कहानी है वह घनघोर रात की सौग़ात,
द्वारकाधीश आपके शुभागमन की है यह बात।
विचित्रता से भरे आपके जन्म के राज़,
जिसको मनाते जन्माष्टमी की रात।
कठोर दण्ड अकारण भोगते रहे नन्दलला के माता-पिता,
जन्म भी हुआ कारागार में।
हुआ चमत्कार, हुए प्रकट बालकृष्ण भगवान।
कितने ही क़िस्से कृष्णलीला के हैं प्रचलित
मथुरा, वृन्दावन और गोकुलधाम,
इसलिए सभी लगते जैसे हों कृष्णधाम।
द्वापर युग में अधर्म, निर्ममता का था एक कठिन प्रहर
कुछ अधर्मियों था हो गया आगमन,
प्रकट भए बृजवासी नन्दलाल, जन्म से ही जिनके
आ गया अधर्मियों का काल।

कारावास के ताले टूट पड़े अचानक
सैनिक घोड़े बेच सो गये अचानक,
खूँटी नन्दबाबा के द्वार की, खटखटा आधी रात को,
नन्दलाल, नन्दलाल, नन्दलाल, नन्दलाल नन्दबाबा के द्वार पहुँचकर किया
विस्मित रात को।
धर्म फिर से स्थापित करने,

धर्माध्यक्ष, देवकीनन्दन, द्वारकाधीश, ब्रह्माण्ड के ईश्वर
हम सबके रक्षक, बाल-रूप धर आ गये जैसे आसमान से।

मैं भी हूँ आपके दर्शन की अभिलाषी
आपका चरण-रज लगा मैं रम जाऊँ आपकी धुन में।
बन जाऊँ मैं कृष्णदीवानी।
आपकी डोर तो बँधी राधा से,
अगमजानी ईश्वर हैं आप भक्तिन मैं आपकी।

✍डॉ. संध्या सिंह

कुल देवी

कई बार ये सवाल मथते हैं
आख़िर हम किसे मानते हैं
कुल देवी!

अपने ही कुल की किसी देवी को
जिसके साथ कभी अत्याचार हुआ
था भारी
जिसके बाद उसे पूजे जाने की परम्परा
शुरू हो गयी
यह सब महज़ है किसी की परिकल्पना?
महज़ एक विश्वास?
सच में उन्हें भी गुज़रना पड़ा था उन अत्याचारों से?
जिनके पश्चात्ताप में शुरू हुई उनकी आराधना।

इस सच को कैसे समझूँ
और कैसे समझाऊँ
अपने बच्चों को

बचपन से ही जिस प्रकार कुल देवी के
होने से प्रभावित हुए हैं हम
कैसे विश्वास दिलाऊँ
अपनों को

यह मात्र एक शक्ति नहीं
बल्कि उस मातृशक्ति का स्वरूप है
जिससे सुरक्षित है
हमारा कुल।

दुआएँ

छोटी-छोटी लगती हैं
मिली हुई ये अलग-अलग भावोंवाली दुआएँ
पर फैली हैं,
सकारात्मक ऊर्जा में परिवर्तित करने के लिए;
भय,
आशंका,
नाउम्मीदी,
हार,
व्यथा और
पीड़ा को

इनका फैलाव ज़रूरी है
हौसलों को बनाये रखने के लिए
बड़ों की अहमियत समझने के लिए

वे जब कभी मिलीं
कभी सिर पर हथेली भर
कभी प्रार्थना में मौन
कभी उँगली के पोरों से
कभी दृष्टि से
कभी कन्धे पर आश्वस्ति-सी

वे कितनी नामालूम सी-रहीं
लेकिन जब-जब मिलीं
फैल गयीं मेरे आसपास
भर-सी गयी उजास
हर डर, आशंका और नाउम्मीदी को बौना बनाती

इनका फैलाव ज़रूरी है
हौसलों को बनाये रखने के लिए
बड़ों की अहमियत समझने के लिए।

नयापन ज़िन्दगी है

नयापन ज़िन्दगी है
बासी का अन्त है
सुबह नयी है
तो यह बासीपन क्यों
यह उदासी क्यों?

सवाल हैं
तो उत्तर भी होंगे ही
मिलें न मिलें

आइए ढूँढ़ते हैं उन्हें
नये तौर से
नये तरीक़े से...

क्या भाषा सीखना बोझ है?

हर शनिवार खड़ी होती हूँ
हिन्दी स्कूल के सामने
देखती हूँ
कुछ नन्हे सपनों को हँसते
और
कुछ को रोते

किसी माँ की
सिखावन सुनती हूँ
"ध्यान से पढ़ना"
मनुहार भी कि
"आना तो बाहर खाने चलेंगे"
किसी-किसी की डाँट भी
कानों तक पहुँचती है
"नहीं पढ़ा तो समझ लेना"

छह-सात वर्ष की भोली आयु में
लोभ की शिक्षा क्यों
डर का परिचय क्यों
आख़िर क्यों

क्या भाषा सीखना
बोझ है?

बदल रहे हैं बेटे

बेटे माँ का ध्यान रखने लगे हैं
माँ का हाथ बँटाने लगे हैं

क्या बेटियाँ अधिक स्वच्छन्द हुई हैं
क्या बेटे समझने लगे हैं
आँचल का मर्म

कम्प्यूटर के किसी बटन पर माँ अटक जाती है
तो चुपचाप
एक बटन दबाकर मुस्कुरा देते हैं

कभी सिंक में रखे दो चार बर्तन धोकर
चुपचाप हट जाते हैं

बेटे भी माँ का हाथ बँटाने लगे हैं

कभी माँ की साड़ी का रंग चुनते हैं
तो कभी माँ से ड्राइविंग सीखते हैं
हाँ, अब बेटे माँ को अलग तरह से देखने लगे हैं

लिटिल इंडिया

सिंगापुर पहुँचते ही
सबसे पहले एक शब्द सुनाई देता है
क्या?
लिटिल इंडिया
किसको?
भारतीयों को
क्यों?
क्योंकि क्षुधा के तार यहीं से जुड़े हैं
भारतीयता की खोज
अपने जैसी शक्ल सूरत वालों की फ़ौज
मोल-भाव करने की मौज
इस लिटिल इंडिया में मौजूद है।

काम ज़िन्दगी का सिर्फ़ एक हिस्सा है

ज़िन्दगी कहीं बड़ी है
धन,
प्रतिष्ठा ,
सफलता,
मान,
और सम्मान से
ये ज़िन्दगी का हिस्सा हो सकते हैं
पर
ज़िन्दगी नहीं ,
न ही ज़िन्दगी इनका हिस्सा बन सकती है
गणित बस इतना ही है
पर समझने के लिए पूरी ज़िन्दगी कम है

पेंसिल का डिब्बा

मेरे घर में यह पेंसिल का डिब्बा
पिछले पच्चीस सालों से तो
मैं ही देख रही हूँ
उसके भी पहले
बड़े प्यार से लाया गया होगा
और आज तक
मेज़ की बीच-वाली जगह पर
अपनी धाक जमाये है
घर के किसी भी कोने में पड़ी
क़लम,
पेंसिल,
कैंची,
टेप,
अपना घर इसी में ढूँढ़ते हैं
क्योंकि यहाँ
सुरक्षा है,
सम्मान है,
महत्त्व है
इसी की ख़्वाहिश तो
सबको है।

✍साक्षी प्रद्युम्न

अजेय भारत

जवान ने पीठ पे बैग, बन्दूक़, बारूद लादा,
वृद्धावस्था से पहले वक्र पीठ हुई क्यों ज़्यादा?
खड़ी चढ़ाई फिर पार करने का लिया वह ठान,
'दिनकर' के दानबल का 'साक्षी' वह अतुल्य बलिदान।
मेरा भारत महान...

आज लड़ना बौद्धिक, वैचारिक युद्ध भी है,
कर्म, प्रयत्न, जिजीविषा से रहना प्रबुद्ध भी है।
निष्पक्षता के कवच एवं विवेकपूर्ण प्रज्ञान
से बने पथप्रदर्शक हमारा सशक्त संविधान।
मेरा भारत महान...

भारत माँ ने बन्धन में भी सँजोया है हर तृण,
क्या कर्तव्य नहीं हमारा चुकायें उस तप का ऋण?
श्रम, उद्यम, कौशल से गढ़ना अपना उत्थान,
'कृशकाय में जान फूँक' है जननी का आह्वान।
मेरा भारत महान...

मातृभूमि के लिए डटे हुए देशप्रेमी अंगद,
स्वतन्त्रता के प्रवर्तक को कृतज्ञ प्रणाम अनहद।
शौर्य-स्वेद-लहू दृढ़ करता हमारा सम्मान,
सम्भव ये निर्भीक लोकतन्त्र जब सुरक्षित है गलवान।

है सुरक्षित स्वाभिमान, है सुरक्षित हिन्दुस्तान।
मेरा भारत महान।
जय हिन्द!

पन्थी

कठिनाइयों को कर बेदख़ल,
घर से देखो यूँ निकल,
पीने मरीचिका का जल,
चलता पन्थी ठिठक गया।

रुका भाँपने अपने कर्म,
चुभा यूँ शून्यता का मर्म,
सूर्य प्रकोप से छिलता चर्म,
जलता पन्थी सिहर गया।

किस दिशा में मुड़े यहाँ,
तृष्णा ज्वाला बुझे जहाँ,
भविष्य मुखरित है कहाँ,
इस द्वन्द्व में पन्थी बिफर गया।

दिखाकर अपने घमण्डित कर,
हठ में था दुत्कारा घर,
अब असह्य खड़ा है पथ पर,
इस विडम्बना पर वह बिखर गया।

दौर्बल्य से वक्र हुई रीढ़,
न हाथ बढ़ाती चलती भीड़,

निकट भी न था अपना नीड़,
सोच कोए में सिमट गया।

चला था जो वह लेकर सपना,
निडर उसने सहा था तपना,
कदाचित् भूल गया अब जपना,
कर्तव्यविमूढ़ वह चिटक गया।

बिछड़ा कब निर्धारित कक्ष,
अज्ञ निर्णय अब जकड़ते वक्ष,
क्षुण्ण मनोबल, तम समक्ष,
वह बिखरा पन्थी बिलख गया।

विलपित कण्ठ, अभिमान विदीर्ण,
तर्क-बुद्ध हो ऊसर-जीर्ण,
विरक्त विक्षिप्त विषाद विस्तीर्ण,
फफकता अपने में लिपट गया।

लेकिन उस रुदन से पीड़ा निकली,
अश्रु प्रक्षालित पराजय पिछली,
आणविक किरण से निशा छिछली,
और यकायक चाह में सिसक गया।

क्या ख़ूब हो गर वह उठ पड़ेगा,
शून्य सही पर कर्म करेगा,
जिजीविषा से शर लड़ेगा,
इस पुन: जंगम में थिरक गया।

सचेत कर अपने पूर्ण विवेक,
भुजबल स्पन्दन साधन अनेक,

पर कहीं पड़े फिर न घुटने टेक,
के उद्यत संशय में बिगड़ गया।

किन्तु रोक रहा है किसका भय,
निष्कार्य मात्र करेगा क्षय,
कृत्य ही तोड़ेगा कृत्रिम शय,
ठान के मस्तक तिलक गया।

मृगतृषा नश्वर कल्पित परत,
पुनरावलोकित उद्देश्य अनवरत,
दुष्कर में भी शाद्वल चित्त-रत,
मरु में वह स्वर्ण शिखर गया।

बीभत्स पतन या पथ अवरोध,
कर्मण्य धर्म युक्त कर विशोध,
रख जीवट संकल्प अन्ततः बोध,
यूँ बढ़ता पन्थी निखर गया।

बचपन : स्तब्ध दृष्टिकोण

पता चला हम बड़े हो गये, जब किलकारियाँ लगीं सिसकने,
मुख की बेवजह मुस्कानें, पूछने लगीं जब कारण,
बचपने को अल्हड़पने का पर्याय समझा जाने लगा,
और अल्हड़पन को आदेश का मान लिया गया उल्लंघन।

पता चला हम बड़े हो गये, जब बारिश भी न भिगो सकी मन को,
औरों की दौलत-ख्याति को, जब घूर रहे हम निर्निमेष,
ठोस हृदय भी नहीं पसीजता, हो वर्षा या अश्रुधार,
जब कसौटी अहं-बल-धन हो, तब नहीं रहता बचपन शेष।

पता चला हम बड़े हो गये, जब ख़ुद के लिए हो गये हम व्यस्त,

सुन न सके आडम्बर के कारण, दरिया जब हमें पुकारे,
मैली परत जब उठने न दे गहरी कोई आवाज़,
जब रिश्तों के साज़ों में बजने लगते सुर कुछ खारे।

पता चला हम बड़े हो गये, जब धारणा संकुचित करे रचना को,
प्रस्फुटित न होने दें ज़ंजीरें जब मन की उद्विग्न अभिलाषा,
अपेक्षा के बोझ के नीचे धूमिल होते जब उद्‌गार,
जब परिभाषित पेशों में खोजनी पड़े रचना की परिभाषा।

लगता कभी क्यों बड़े हो गये, जब दोहरा जीवन जीना था,
जो चाटुकारिता में सबसे आगे, करे वही फिर उपहास,

छुटपन की अठखेली देखो कैसे बन गयी है षड्यन्त्र,
अविश्वास के कारण औरों की मुस्कान लगती क्यों अट्टहास।

बचपन पीछे यूँ छूटा कि इसका ग़म न कम है,
निश्छल भी पीछे छूट गया, है चीख़ रहा अब क्रन्दन,
आत्मकेन्द्रित सोच के दलदल में बदहवास जीने की होड़,
लोक-विषाद साक्षी है इसका, सम्मुख सबके निस्पन्दन।

सनातन संस्कृति

सनातन संस्कृति की प्रगाढ़ता विशाल है,
सर्वदा सभ्यताओं की रही यह मशाल है।

संग रहकर हैं बसते यहाँ धर्म-मत अनेक,
पथप्रदर्शित करते महामानुष के उल्लेख।

दधीचि का बलिदान, परमकर्तव्य की वीथी,
आर्यभट्ट का शून्य, कौटिल्य की रणनीति।

मानव, उद्गार खिलते यहाँ मानते हैं भूधन,
देव, गुरु, यीशु, अल्लाह, बुद्ध नारीपूजन।

भारत सशक्त विविधता का है महाकुम्भ,
पूजता वसुधा हमारी साझा एक कुटुम्ब।
लेकिन...
क्या वर्तमान वक्तव्य है ओजयुक्त समीचीन,
या दिखावटी परत से छिपी बात है संगीन।

तो अगली पंक्तियों में अल्प तंज़ भी है,
ओह! मेरे हृदय में थोड़ा रंज भी है।

माना भारत है विविधता का देश,
किन्तु बहरूपिये हैं बहुत, कई हैं भेष।

‘बाक़ी नामोनिशाँ हमारा’ कह तो गये इक़बाल,
अब यह जूझता सत्य है पाश्चात्य का कमाल।

उसे अपने में समेटा और उसमें वह लिप्त भी है,
इस विडम्बना में परम्परा विक्षिप्त-सी है।

क्यों बूझे नहीं महाभारत का उद्बोधन,
सड़क पे यूँ दिखते हैं अधिकतर दुर्योधन।

क्यों आज सन्दर्भ-प्रसंग बदलने की कला है,
इतिहास से सीखना, फिर सँवरना ही भला है।

क्योंकि जिस संस्कृति को जीते हैं आत्मसात्,
वह निखरी है पुनरुज्जीवित जब उस पर हुए हैं आघात।

पृथक् विचारधारा हुए हैं सनातन में विलय,
भारतीयता में सुगठित है इन मूल्यों का निलय।

संस्कृति में सुजीवन के उदाहरण हैं अगणित,
मौलिक सूत्रों के उन्नत अमल से सभ्यता वर्णित।

✍ सुषमा श्रीवास्तव

निशा

इस निशा सुन्दरी की मुस्कानें
कैसी होतीं मैं क्या जानूँ
मैंने तो जब से जन्म लिया
तारों को जलते देखा है।
तारों की टिमटिम में अखण्ड
आनन्द आता होगा
तुम कहते हो तो फिर ज़रूर
होगा कोई यह स्वर ऐसा
पर मैंने तो हरदम उनका
करुण रुदन ही सुना।
इस निशा सुन्दरी की मुस्कानें
कैसी होतीं मैं क्या जानूँ...

रात और दिन के सन्दर्भ में–

नदिया के तीर बने ये दो
फिर मिलन कहाँ पर सम्भव है
वे होंगे भाग्यवान जीवन जो मिल पाये
पर मैंने तो हर प्रेमी को
बस अरमानों की चिता जलाते देखा है
मैंने तो जबसे जन्म लिया
तारों को जलते देखा है।

इस निशा सुन्दरी की मुस्कानें
कैसी होतीं मैं क्या जानूँ
मैंने तो जब से जन्म लिया
तारों को जलते देखा है
तारों को जलते देखा है।

माटी है अनमोल

ओ माटी के लाल!
ज़रा तू माटी को सँभाल।
ओ माटी के लाल!

ज़रा तू माटी को सँभाल।
तन है माटी, मन है माटी
धन है माटी, सब जग माटी
माटी बिन गंगा न काशी
माटी है अनमोल
मिली तुझे बिना तोल और मोल।

पाला-पोसा जिस माटी ने
सुख-सुविधा दी तुम्हें अशेष
शोषण उसका किया मनुज ने
बचा न कोई तत्त्व विशेष।

बावन प्रतिशत मिट्‌टी नष्ट हो चुकी आज
ओ संवेदनहीन! मनुज तुम बनो माटी की आवाज़।
मृदा संरक्षण करो छोड़-छाड़ कर अपने काज।

क्या खाओगे, क्या पहनोगे,
क्या दोगे आने वाली पीढ़ी को,

अभी न जागे तो कब जागे
सद्गुरु आये जगाने जी
हाथ उठाओ-माटी बचाओ
भूमि को उपजाऊ बनाओ।

माटी है अनमोल,
मिली तुझे बिना तोल और मोल।
ओ माटी के लाल
ज़रा तू माटी को सँभाल
माटी है अनमोल
मिली तुझे बिना तोल और मोल।

नोट : मिट्टी बचाने के वैश्विक अभियान का आग़ाज़ सद्गुरु जी ने मार्च 2022 में किया। उन्होंने लंदन के पार्लियामेंट स्क्वायर से 100 दिनों की मोटरसाइकिल यात्रा शुरू की।

महक उठे घर-आँगन

सरस सुमन गन्ध भर, महक उठे आँगन में
फूल उठा बेला, फूले टेसू के लाल फूल।
अशोक दूर शोक कर, खिला सरित कूल
धरती का आँचल है लाल आज प्यार से,
अचला का आँचल है पीत नव सिंगार से।

लाल हो रहा वनान्त, आज प्यार दाह भर ,
डूब गया मर्मर में पतझड़ विषाद स्वर
किरणों की छेड़छाड़, शरमाई कोंपल है आज
अरुणिमा बिखेरती, मलयानिल सर-सर-सर
भुजापाश बाँधती है लोनी-सी लतिका जब
कूज पिंकी सरस रास तरु पर है जब

खिलखिलाते किंशुक पलाश झोली भर उल्लास
मधुप मत्त गुंजन स्वर, कली-कली झूमें सुवास
हरे-भरे खेत पीत फैले हैं दूर तक
चरस गीत की है कल-कल से होड़ आज
सिमट उठी धरती की सर-सर अन्न बाल
अचला की गोद भरी, ममता होती निहाल
लोल लहर बीच सर, पंकज शत फूल उठे
उपवन वन नर्तन करे घूम घनन झूम उठे।

गौरैया तुम कहाँ छिपी हो...

फुदक-फुदककर घर-आँगन में चींचीं-चींचीं करती थी
गौरैया तुम कहाँ छिपी हो बाँट जोहती मेरी गुड़िया
चुग्गा, पानी-भरी कटोरी उसी मुँडेर पर रखी है
आती नहीं गौरैया अम्मा बिटिया रानी कहती है।

चींचीं-चींचीं करके मैंने उसका ध्यान बँटाया है
नन्ही छोटी भूरी चिड़िया बनाकर ख़ूब हँसाया है
फुर्र-फुर्र उड़ गयी गौरैया, कहकर ख़ूब हँसाया है।

गौरैया तुम कहाँ छिपी हो, बाट जोहती मेरी मुनिया

चिया-चिया कह तुतलाती वह डगमग-डगमग चलती है
तुमसे मिलने की ख़ातिर वह, घर से बाहर निकलती है।
लेकिन...तुमको वहाँ न पाकर मन मसोस रह जाती है
गौरैया! तुम कहाँ छिपी हो जोहती मेरी गुड़िया।

तभी एक नन्ही गौरैया आ बैठी बगिया में आकर
डगमग करती झटपट भागी, हर्षाती गुड़िया रानी।
चिया-चिया तुम चुग्गा खा लो, पानी पी लो
लेकिन मेरे संग ही खेलो!
गौरैया तब चहक उठी, बोली मैं रोज़ आऊँगी...
लेकिन–

अब न रहा धरती का आँचल हरा-भरा,
कंकरीट के जंगल उग गये, वायु में ज़हरीला धुआँ।
ऊँचे-ऊँचे टावर लग गये, तरंगों को फैलाने में,
ख़तरा पैदा हुआ तभी से परिन्दों को घर बसाने में।
एसी, कूलर कारख़ाने उफ़! इतना शोर-शराबा है,
जीवन कैसे रहे सुरक्षित अब यह प्रश्न हमारा है?

क्या तुम मुझसे करोगी वादा, दोगी हराभरा संसार,
सीमित संसाधन अपनाकर, कर दो कुछ थोड़ा उपकार।
सपनों का घोंसला बनाकर, मैं भी चहकूँ बारम्बार
हो मेरा प्यारा परिवार जिसमें हो बच्चे दोचार।

वादा करके फुर्र से उड़ गयी गौरैया अगले दिन आने को
गुड़िया रानी बड़ी हो गई अपना फ़र्ज़ निभाने को।
बाँध परिन्दे पेड़ों पर वह, मिट्टी के घर भी रखती है
लव स्पैरो क्लब चलाकर गौरैया संरक्षण करती है।
आने वाली पीढ़ी को गौरैया परी से मिलाना है
सबका साथ और सहयोग लेकर गौरैया का वादा निभाना है।

✍हर्षवर्धन गोयल

दर्पण और अहम्

दर्पण अपनी सत्यता पर अडिग था,
और अहम् अपनी प्रवृत्ति में लिप्त था।

जब अहम् शील था, सुशील था,
दर्पण से उसका लगाव अनुकूल था,
समय का पहिया निरन्तर चलता रहा।

दर्पण अपनी सत्यता पर अडिग था,
और अहम् अपनी प्रवृत्ति में लिप्त था।

कुछ समय का प्रभाव था,
कुछ सुसंगत का अभाव था।
ज्यों-ज्यों अहम् मार्ग से हटता गया,
त्यों-त्यों दर्पण से समभाव घटता गया।
जैसे-जैसे अहम् मलिन होता गया,
दर्पण से उसका स्नेह संकीर्ण होता गया।
दर्पण अपनी निष्ठा में अशर्त था,
अहम् अपने कृत्य में संलिप्त था।

अहम् का वर्चस्व बढ़ता गया,
दर्पण से उसका नाता घटता गया,
और दर्पण में,
मुख अहम् का धूमिल-सा होता गया।

पहले तो अहम् ने उपनाम धरे,
अनेक कटु वचन और अपशब्द कहे।
दर्पण भी मुखर और प्रवीण था,
दर्पण में देखा,
अहम् का ही मुख अधिक मलीन था।

अब अहम् का क्रोध कुछ था, बढ़ चला,
लेकर पंक, दर्पण को रंजित किया।
दर्पण की बात भी थी एकदम अटल,
देखा अहम् ने स्वयं का मुख, कीच में सना।
अब अहम् के क्रोध का पारा चढ़ा,
लेकर पाषाण, उसने मार दिया।
सन्न से दर्पण को जैसे घात हुआ,
छिन्न-भिन्न-सा उसका अस्तित्व हुआ।

अब अहम् एकदम मुक्त था, स्वतन्त्र था,
किन्तु दर्पण जैसा, कोई न उसका मित्र था।
कौन उसको, उसी का मुख दिखाये
कौन उसको वास्तविकता का बोध कराये।

चिह्नित कर लो मित्र को, जो अडिग हो,
अपने मत से, सत्य पक्ष में, जो अटल हो।
खो दिया यदि मित्र, जो हो दर्पण जैसा,
सत्य का फिर बोध न होगा प्रतिबिम्ब जैसा।

नारी-कौशल

एक बात मुझे बताओ, प्रिये!
मन की दुविधा सुलझाओ, प्रिये!

इतने वर्षों के सान्निध्य में,
मैंने, कई बार महसूस किया

मेरा अभुभव यह कहता है कि,
दिन भर की दिनचर्या से,
जब शिथिल हो जाती हो।
छोटे-छोटे कार्यों में जब,
घण्टों का समय लगाती हो।
कुम्हलाया-सा मुखमण्डल,
और पीड़ित-सी मनोदशा लिए,
बेचैन-सी आँखों में,
गहरी छटपटाहट झलकती है।
बोझल-सी वाणी होती है,
तुम गृहसेविका लगती हो।

किन्तु उस पल,
जब मैं कहता हूँ कि
चलो प्रिये, आज कहीं और चलें,
कुछ समय आज हम,

बाहर ही व्यतीत करें।
विद्युत-सी प्रवाह हो जाती है,
तुम तुरन्त सजग हो जाती हो।
एकदम चुस्ती आ जाती है,
बैलगाड़ी-सी चलती-चलती तुम,
हवाई जहाज़ बन जाती हो,
मुखमण्डल खिल जाता है।

देर रात तक लम्बित कारज,
तीव्र विलुप्त हो जाते हैं।
तुम कोकिला बन जाती हो,
घर हलचल से भर जाता है।
तुम त्वरित गति से वस्त्र बदल,
अप्सरा समान बन जाती हो।

मैं विस्मित, अचम्भित, भौचक्का-सा,
कायापलट की कौशलता से,
नारी-विज्ञान के सामान्य ज्ञान में,
स्वयं को अक्षम पाता हूँ।

एक बात बताओ, प्रिये!
मन की उलझन सुलझाओ प्रिये!

प्रेयसी-गृहगोधिका

एक बात मुझे बताओ, प्रिये!
मन की दुविधा सुलझाओ, प्रिये!
इतने वर्षों के सान्निध्य में,
मैंने, कई बार महसूस किया
कि जब-जब तुम पीहर जाती हो
घर सूना-सा हो जाता है
मन बुझा-बुझा-सा रहता है
किन्तु जब सूरज ढल जाता,
कुछ दबे पाँव,
छुपी-छुपी

शरमाई-सी,
एक श्यामा घर पर आती है,
वो चंचल-सी, मनचला,
मचल-मचल,
किट-किट-सी ध्वनि करती है।

कुछ कौतुकवश,
उत्सुकतावश,
जब उसके निकट जाता हूँ,
मुझको आता देख पास,

झट से एकदम छुप जाती है,
एक लुका-छुपी-सी होती है।

ना मिलाप हुआ,
ना वार्तालाप हुआ,
ना ही साक्षात्कार हुआ,
क्या वो कोई मेरी प्रेयसी है।

अचम्भित, भौचक्का-सा
आँख-मिचौली से अनभिज्ञ,
नारी-विज्ञान के सामान्य ज्ञान में,
स्वयं को अक्षम पाता हूँ।

एक बात बताओ, प्रिये!
मन की उलझन सुलझाओ प्रिये!

प्रिये, तुम्हारी आँखें बोलती हैं

अनकहे शब्दों में
कई भेद खोलती हैं
प्रिये, तुम्हारी आँखें बोलती हैं।
दशकों से,
क्षण-क्षण ,
कभी निकट से,
कभी दूर से,
मैंने देखा है तुम्हारी आँखों को बहुत समीप से।

अनकहे शब्दों में,
ये सारे भेद खोलती हैं,
प्रिये, तुम्हारी आँखें बोलती हैं।

आशाओं से ओत-प्रोत,
सपनों से भरी ये आँखें,
अपनी ही भाषा में,
अनन्त स्नेह उड़ेलती हैं,
प्रिये, तुम्हारी आँखें बोलती हैं।

आक्रोशित अंगारों-सी आँखें
अग्नि-सी प्रज्वलित,

लपटों की भाषा में,
ज्वलन्त प्रश्न कई पूछती हैं,
प्रिये, तुम्हारी आँखें बोलती हैं।

गहरी घाटी-सी विस्तृत आँखें,
शून्य, शिथिल
नि:शब्द, निश्चल
पुस्तक के पृष्ठ खोलती हैं,
प्रिये, तुम्हारी आँखें बोलती हैं।

सागर-सी नीली गहरी आँखें,
शान्त पटल, स्पष्ट दर्पण बन,
इन्द्रधनुष के रंगों में,
मेरा प्रतिबिम्ब उकेरती हैं,
प्रिये, तुम्हारी आँखें बोलती हैं।

नीर-भरी सजल आँखें,
कुछ झुकीं-झुकीं,
झर-झर बहतीं,
सब कुछ सहतीं, सहमी रहतीं,
करुणा का बाँध तोड़ती हैं,
प्रिये, तुम्हारी आँखें बोलती हैं।

विकट धनुष-सी आँखें,
तनी-तनी,

तरकश के तीखे बाणों से,
प्रश्नों में मुझे बेधती हैं,
प्रिये, तुम्हारी आँखें बोलती हैं।

चहकती-मटकती सी आँखें,
आमन्त्रण जैसी मुद्रा में,
छूकर मेरे अन्तर्मन को,
मन से सम्बन्ध जोड़ती हैं,
प्रिये, तुम्हारी आँखें बोलती हैं।

चपल-चंचल,
चितवन-सी आँखें,
पल में शान्त,
पल में मुखरित,
मेरे मन को पुनः टटोलती हैं,
प्रिये, तुम्हारी आँखें बोलती हैं।

अनकहे शब्दों में,
कई भेद खोलती हैं,
प्रिये, तुम्हारी आँखें बोलती हैं।

❐❐

रचनाकार-परिचय

डॉ. अंकुर गुप्ता

जन्म व शिक्षा : जन्म पंजाब में हुआ और शिक्षा भारत में ग्रहण की। पिछले पाँच वर्षों से सिंगापुर में निवास।

कार्य व व्यवसाय : डॉक्टर, एक बहुराष्ट्रीय दवा कम्पनी में मेडिकल डायरेक्टर के रूप में कार्यरत। बचपन से कविता लिखने का शौक़ है और बीते कुछ सालों से हिन्दुस्तानी और पंजाबी भाषा में गीत, कविताएँ, ग़ज़लें और शेर 'रूहसाफ़िर' (रूह का मुसाफ़िर) के नाम से लिखते हैं।

प्रकाशन : काव्य-संग्रह : 'माहीमीत' प्रकाशित। विभिन्न पत्र-पत्रिकाओं में रचनाओं का प्रकाशन।

सम्पर्क : ankur.gupta@menariniapac.com

अदिति अरोरा

जन्म व शिक्षा : बड़ौत, उत्तर प्रदेश में जन्म। मेरठ विश्वविद्यालय से रसायन विज्ञान में स्नातकोत्तर की डिग्री और बी.एड.। पिछले 27 वर्षों से सिंगापुर प्रवासी।

कार्य व व्यवसाय : मातृभाषा के लिए योगदान। हिन्दी सोसायटी सिंगापुर के माध्यम से स्वयंसेविका के रूप में हिन्दी शिक्षण, प्रचार और विकास का कार्य

प्रकाशन : हिन्दी और अंग्रेज़ी भाषा में निरन्तर लेखन एवं प्रकाशन। हिन्दी प्रचार और प्रसार में संलग्न। 'सिंगापुर संगम' त्रैमासिक पत्रिका से संबद्धता। मातृभाषा के साथ-साथ medium.com पर अंग्रेज़ी भाषा में भी बहुत-से लेख प्रकाशित हो चुके हैं।

सम्पर्क : aditi.arora1965@gmail.com

अनिल कुलश्रेष्ठ

जन्म व शिक्षा : भारत में जन्म। दो परास्नातक डिग्रियाँ (स्टेटिस्टिक्स तथा अर्थशास्त्र)।

कार्य व व्यवसाय : भारतीय स्टेट बैंक से मुख्य प्रबन्धक के पद से सेवा-निवृत्त। साहित्य-लेखन।

प्रकाशन : ग़ज़ल-संग्रह : 'ख़ामोशियाँ ज़िन्दा रहें', 'नक़्श-ए-पा रह जायेगा'; **साझा ग़ज़ल-संग्रह :** 'ख़ुशबू-ए-ग़ज़ल', 'कहाँ तुम चले गये', 'अल्फ़ाज़-ए-ग़ज़ल', 'इंक़िलाब-ए-ग़ज़लगोई', 'तलाश जारी है', 'ग़ज़ल के मुसाफ़िर'; **साझा काव्य-संग्रह :** 'काव्यात्रा : भारत से दक्षिण-पूर्वी एशिया तक'; **साझा लघुकथा-संग्रह :** 'उन्मेष'; **सम्पादन :** 'आग़ाज़' (साझा ग़ज़ल-संग्रह); 'अनन्य' (सम्पादन सहयोगी–मासिक, सिंगापुर)।

सम्पर्क : anilkulsbi@gmail.com

अनुसूया साहू

जन्म व शिक्षा : ज़िला–महोबा, प्रान्त–उत्तर प्रदेश।

कार्य व व्यवसाय : सिंगापुर में शिक्षिका के तौर पर हिन्दी सोसायटी संस्था से पिछले दस सालों से जुड़ी हैं। उन्हें विभिन्न मंचों से रचनाओं को प्रस्तुत करने का सौभाग्य प्राप्त होता रहा है

प्रकाशन : काव्य-संकलन : 'फ़क़ीरा', कविताओं को विभिन्न पत्र-पत्रिकाओं में प्रकाशित।

सम्पर्क : anusuyasahu@gmail.com

आराधना झा श्रीवास्तव

जन्म व शिक्षा : जन्म बिहार के दरभंगा ज़िले में। भारतीय जनसंचार संस्थान, नयी दिल्ली से पत्रकारिता का प्रशिक्षण प्राप्त किया। सिंगापुर मैनेजमेंट यूनिवर्सिटी से संचार प्रबन्धन में परास्नातक की डिग्री प्राप्त करने के साथ ही संयुक्त राज्य अमेरिका के यूनिवर्सिटी ऑफ़ कैलिफ़ोर्निया और स्विट्ज़रलैंड स्थित लुगानो विश्वविद्यालय से कार्यकारी शिक्षा प्राप्त कर चुकी हैं।

कार्य व व्यवसाय : 'स्टार न्यूज़' (सम्प्रति एबीपी न्यूज़) में बतौर एसोसिएट प्रोड्यूसर काम कर चुकी आराधना नौ वर्षों से सिंगापुर में प्रवास कर रही हैं।

प्रकाशन : देश-विदेश की कई प्रतिष्ठित पत्र-पत्रिकाओं में इनकी लिखी हुई संवाद-नाटिकाएँ, आलेख, कविता, गीत, समीक्षा एवं कहानियाँ प्रकाशित हैं। हिन्दी के छह और मातृभाषा मैथिली के तीन साझा काव्य-संकलनों में इनकी कविताएँ प्रकाशित हो चुकी हैं। 'साहित्य तक' के पटल पर इनकी कई कविताएँ साझा की गयी हैं।

सम्पर्क : jhaaradhana@gmail.com

डॉ. आराधना सदाशिवम

जन्म व शिक्षा : पश्चिम बंगाल में जन्म। प्राथमिक और माध्यमिक शिक्षा बदायूँ, उत्तर प्रदेश, उच्च शिक्षा आँध्र विश्वविद्यालय (बी.एससी) और गुजरात विश्वविद्यालय (एम.एससी, पीएच.डी) बौद्धिक सम्पदा क़ानून तथा डीप टेक्नोलॉजीज की टेक्नोप्रेन्योरशिप में सर्टिफ़िकेट कोर्स नेशनल यूनिवर्सिटी ऑफ़ सिंगापुर और सिंगापुर मैनेजमेंट यूनिवर्सिटी से।

कार्य व व्यवसाय : पिछले 21 वर्षों से सिंगापुर में निवास करने वाली आराधना 20 वर्षो से सिंगापुर में बौद्धिक सम्पदा अधिकारों के क्षेत्र में कार्यरत हैं। हिन्दी और अंग्रेज़ी के अलावा गुजराती, तमिल, तेलुगु भाषा ज्ञान भी है। वे हिन्दी और अंग्रेज़ी दोनों भाषाओं में लिखती हैं।

प्रकाशन : दो साझा संग्रह और कई पत्रिकाओं में प्रकाशन।

सम्पर्क : aaradhanas@yahoo.com

आलोक मिश्रा

जन्म व शिक्षा : जन्म रायबरेली उत्तर प्रदेश में। डी.एम.ई.टी. कलकत्ता से मरीन इंजीनियरिंग की पढ़ाई, सिंगापुर से एम.बी.ए. की डिग्री हासिल करने का सपना पूरा, 2003 से अपने परिवार के साथ सिंगापुर में निवास। सिंगापुर के स्थायी निवासी हैं।

कार्य व व्यवसाय : सिंगापुर की एक शिपिंग कम्पनी में टेक्निकल मैनेजर के पद पर कार्यरत। नियमित रूप से ऑन लाइन और ऑफ़ लाइन काव्य-गोष्ठियों में भाग लेना, कुशल मंच-संचालन। बहुआयामी प्रतिभा के धनी आलोक जी को नाटकों में काम करना बेहद पसन्द है। आपको फ़िल्मों में भी काम करने के अवसर प्राप्त हुए हैं।

प्रकाशन : कविताएँ, कहानियाँ और आलेख विभिन्न पत्रिकाओं में प्रकाशित हैं। दो साझा काव्य-संग्रह, एक साझा ग़ज़ल-संग्रह और एक साझा हिन्दी हाइकु कोश प्रकाशित हैं।

सम्पर्क : alok3400@gmail.com

ख़ुशबू मिश्रा 'ख़ुशी'

जन्म व शिक्षा : मधुबनी बिहार में जन्म। ललित नारायण मिथिला विश्वविद्यालय, दरभंगा, बिहार से स्नातक हैं।

कार्य व व्यवसाय : गृहिणी, स्वतन्त्र लेखन।

प्रकाशन : काव्य-संग्रह : 'एक मिसिया इजोत' (मैथिली), 'एहसासों की ख़ुशबू' (हिन्दी), 'सत्य की अस्मिता' (हिन्दी)। इसके अलावा कथा, समीक्षा, आलेख, संस्मरण, यात्रा-वृतान्त आदि विषयों पर लेखन प्रकाशित।

सम्पर्क : khusboom ayur@rediffmail.com

चित्रा गुप्ता

जन्म व शिक्षा : भारत में जन्म। मेरठ (उत्तर प्रदेश) विश्वविद्यालय से शिक्षा प्राप्त।

कार्य व व्यवसाय : रघुनाथ गर्ल्स कॉलेज, मेरठ में प्रवक्ता के पद पर काम। 1994 से सिंगापुर में हिन्दी सोसाइटी, डी.पी. एस., सिंगापुर तथा सिंगापुर स्कूल ऑफ़ आर्ट्स में क्रमशः अध्यापन कार्य। www. funhindi.me के द्वारा ऑनलाइन अध्यापन लेखन में रुचि किशोरावस्था से रही है। काव्यगोष्ठियों का संचालन और कविता–पाठ, सामयिक विषयों पर चर्चा, सिंगापुर में निर्मित शॉर्ट फ़िल्म और सीरियल में अभिनय। सिंगापुर में Shinz production के अन्तर्गत शॉर्ट फ़िल्म और सीरियल 'सास बहू सैंडविच' : भाग–2, 'Red scarf', 'Lalla Lalla lori' और 'Reaching to the stars' (English movie) में काम किया।

प्रकाशन : साझा काव्य-संग्रह : 'कुछ सुनी कुछ अनसुनी', 'रामकाव्य पीयूष', 'कृष्णकाव्य पीयूष', 'परिवार साहित्य-संग्रह', 'हाइकु दर्पण' (कविता-संग्रह) तथा एक साझा गद्य-संग्रह 'किलकारी' (बाल कहानियाँ), **सम्पादन :** सिंगापुर नवरस–नौ कवि नौ रस तथा सह-सम्पादन–'राम हाइकु पीयूष', इसके अलावा अनेक पत्रिकाओं में रचनाएँ प्रकाशित।

सम्पर्क : madhurbhaashi@yahoo.com

नलिनी गुप्ता

जन्म व शिक्षा : भारत में।

कार्य व व्यवसाय : 15 सालों से सिंगापुर के प्राथमिक विद्यालय में अध्यापिका हैं। बच्चों को पढ़ाना, सैर करना, कविताएँ लिखना, लेख पढ़ना, पानी में सैर करना, फ़िल्म एवं नाटक देखना, विभिन्न देशों की संस्कृति एवं रीति-रिवाजों के बारे में जानकारी प्राप्त करना, समाज में लोगों की मदद करना, यात्रा करना इन्हें बहुत पसन्द है।

प्रकाशन : हिन्दी और अंग्रेज़ी दोनों भाषाओं में लिखती हैं।

सम्पर्क : eguptas@gmail.com

डॉ. प्रतिभा गर्ग

साहित्यिक उपनाम-'प्रति'।

जन्म व शिक्षा : भारत में जन्म स्नाकोत्तर (मर्चेंडायसिंग एवं मार्केटिंग।)

प्रकाशन : 'मृगनयना', 'मन्थन', 'नदी चैतन्य हिन्द धन्य' (भारत की नदियों एवं जल-संरक्षण विशेष) 'संगम स्मारिका', 'अमृत अभिरक्षा', 'नीलाम्बरा' आदि 25 पुस्तकें प्रकाशित एवं अनेक राष्ट्रीय पत्र, पत्रिकाओं में नियमित प्रकाशन; **सम्पादन** : 'छंदेष्टि' मासिक ई-पत्रिका की प्रबन्ध सम्पादक के रूप में कई अंकों का सफल सम्पादन किया है। साथ ही, 'आह्लाद', 'सिद्धि कलश' काव्य सिद्धि-संग्रह एवं 'अविचल प्रवाह' मासिक ई-पत्रिकाओं का भी सफलतापूर्वक सम्पादन किया है।

सम्पर्क : garg.pratibha@gmail.com

प्रतिमा सिंह

जन्म व शिक्षा : उत्तर प्रदेश में जन्म। गोरखपुर से अर्थशास्त्र में परास्नातक।

कार्य व व्यवसाय : यूजीसी के उपरान्त गोरखपुर विश्वविद्यालय के अर्थशास्त्र विभाग में (बीए और एमए) और मदन मोहन मालवीय इंजीनियरिंग कॉलेज (बीई तृतीय वर्ष) में 2 वर्ष तक शिक्षण का कार्य। मदन मोहन मालवीय स्नातकोत्तर महाविद्यालय में अर्थशास्त्र के प्रवक्ता पद पर 7 वर्ष तक कार्यरत और स्नातक और परास्नातक की कक्षाओं का

शिक्षण-कार्य। सिंगापुर के हिन्दी सोसाइटी, सिंगापुर में 5 वर्षों तक हिन्दी शिक्षण का कार्य। वर्तमान में किंडले किड्स इंटरनेशल स्कूल में अध्यापिका। विद्यार्थी-जीवन से ही आध्यात्मिक संस्था सहज मार्ग से जुड़े होने के कारण आध्यात्मिकता और कविता लिखने में रुचि।

प्रकाशन : काव्य-संग्रह : 'सन्देश प्रेम का' प्रकाशित। विभिन्न पत्र-पत्रिकाओं में कविताओं का प्रकाशन। मंच-संचालन व विभिन्न मंचों पर कविताओं की प्रस्तुति। हिन्दी के प्रचार-प्रसार में सक्रिय सिंगापुर संगम संस्था की प्रबन्धन समिति से जुड़ी हैं।

सम्पर्क : pratimasing@gmail.com

प्रेरणा मित्तल

जन्म व शिक्षा : मध्य प्रदेश में जन्म। मुम्बई विश्वविद्यालय से हिन्दी में एम.ए.।

कार्य व व्यवसाय : पिछले 28 वर्षों से सिंगापुर में निवास। सिंगापुर में हिन्दी शिक्षिका के रूप में हिन्दी सोसाइटी, सिंगापुर में अध्यापन, एन.पी.एस. अन्तरराष्ट्रीय विद्यालय (सिंगापुर) में हिन्दी अध्यापिका के पद पर कार्यरत। **प्रकाशन :** विभिन्न पत्र-पत्रिकाओं में प्रकाशन।

सम्पर्क : prernamittal712@gmail.com

रत्नेश पाण्डेय

जन्म व शिक्षा : झारखण्ड के सिन्दरी में जन्म। स्नातक में ललित कला में गोल्ड मेडलिस्ट।

कार्य व व्यवसाय : कैरियर की शुरुआत एडवरटाइजिंग इंडस्ट्री से की। डेटा विजुअलाईज़ेशन में आगे की शिक्षा के बाद वर्तमान में सिंगापुर में एक ग्लोबल बैंक में डेटा एनालिटिक्स के क्षेत्र में कार्यरत हैं। वे साहित्य और संस्कृति के प्रसार के लिए 'सिंगापुर संगम', 'वातायन' (यू के) आदि अनेक संस्थाओं के साथ भी जुड़े हुए हैं। कई अन्तरराष्ट्रीय फ़िल्म फ़ेस्टिवल में इनकी शोर्ट फ़िल्मों को पुरस्कृत किया गया है।

प्रकाशन : हिन्दी और भोजपुरी में लिखने के साथ-साथ फ़िल्मों और शॉर्ट फ़िल्मों के निर्माण से भी जुड़े हैं।

सम्पर्क : pandey.ratnesh86@gmail.com

रीता पाण्डेय

जन्म व शिक्षा : गोरखपुर, उत्तर प्रदेश में जन्म। 36 वर्षों से सिंगापुर में निवास।

कार्य व व्यवसाय : भूतपूर्व उप-प्रधानाचार्या एवं मुख्य प्रशासिका (हिन्दी-सोसाइटी, सिंगापुर), प्रशासिका (लॉ फ़र्म सिंगापुर), अध्यक्ष महिला काव्य-मंच (सिंगापुर इकाई)। वर्तमान में कई संस्थाओं के साथ स्वयंसेविका के रूप में जुड़कर अपनी सेवाएँ प्रदान कर रही हैं। देश-विदेश के कई मंचों पर काव्य-पाठ और मंच-संचालन का कार्य एवं हिन्दी साहित्यिक परियोजनाओं को पूर्ण करने के कार्यभार को भी सँभाल रही हैं।

प्रकाशन : साझा काव्य-संग्रह : 'कृष्ण काव्य पीयूष', 'राम हाइकू पीयूष' एवं 'प्रेम यहीं कहीं' प्रकाशित। 'गर्भनाल' एवं 'सिंगापुर संगम' पत्रिका में नियमित प्रकाशन के अलावा महिला काव्य-मंच की काव्य-पुस्तिका 'अमृतांजलि' में कविताएँ प्रकाशानाधीन।

सम्पर्क : reeta1pandey@gmail.com

रीना दयाल

जन्म व शिक्षा : आगरा में जन्म। एम.ए. (मनोविज्ञान) तथा बी.एड. दयालबाग़ शैक्षणिक संस्थान, दयालबाग़, आगरा।

कार्य व व्यवसाय : नवी मुम्बई तथा सिंगापुर में (एनपीएस इंटरनेशनल स्कूल) लगभग 21 वर्षों से हिन्दी शिक्षण में संलग्न, हस्तकलाओं की ओर विशेष झुकाव।

प्रकाशन : विभिन्न पत्र-पत्रिकाओं में, अपने चारों ओर बिखरे पात्रों, परिदृश्य तथा प्रकृति से प्रेरणा लेते हुए सामाजिक विसंगतियों और जीवन के छोटे-छोटे पलों को कविता, कहानी, व्यंग्य तथा लेख इत्यादि के रूप में सँजोने का प्रयास।

सम्पर्क : reena.pdayal@gmail.com

वन्दना सिंह

जन्म व शिक्षा : लखनऊ (उत्तर प्रदेश)।

कार्य व व्यवसाय : भारत सरकार के प्रतिष्ठान में प्रबन्धक राजभाषा के पद से सेवानिवृत्त, स्वतन्त्र लेखन।

प्रकाशन : साझा काव्य-संग्रह : 'सिंगापुर के नवरस' यह

संग्रह ग्लोबल हिन्दी फ़ाउंडेशन, सिंगापुर द्वारा प्रकाशित। इसके अलावा कहानियाँ, कविताएँ और लेख हिन्दी के विभिन्न प्रतिष्ठित पत्र-पत्रिकाओं में प्रकाशित।

सम्पर्क : onedanas@yahoo.com

विनोद दुबे

जन्म व शिक्षा : भदोही (वाराणसी के पास) में जन्म। 12वीं तक की पढ़ाई हिन्दी मीडियम स्कूल से।

कार्य व व्यवसाय : पेशे से जहाज़ी और दिल से लेखक, मर्चेंट नेवी में कैप्टन

प्रकाशन : पहला हिन्दी उपन्यास 'इंडियापा' हिन्दयुग्म द्वारा प्रकाशित जो पाठकों में विशेष चर्चित रहा और अमेज़न पर कई दिनों तक बेस्ट सेलर बना रहा। इसका अंग्रेज़ी अनुवाद भी आ चुका है। इनका दूसरा उपन्यास 'ओक्का-बोक्का' राजकमल से प्रकाशित हुआ है और ख़्याति बटोर रहा है।

कविता-लेखन और वाचन में गहरी रुचि। तीन काव्य-संग्रह प्रकाशित–'वीकेंड वाली कविता', 'जहाज़ी' और 'बेतरतीब'। कई साझा संकलन और पत्र-पत्रिकाओं में रचनाओं का प्रकाशन।

सम्पर्क : vinod5787@gmail.com

शान्ति प्रकाश उपाध्याय

जन्म व शिक्षा : सुल्तानपुर (उत्तर प्रदेश, भारत) में जन्म। स्नातक की परीक्षा इलाहाबाद विश्वविद्यालय से, सन् 2008 में आपने नेशनल यूनिवर्सिटी ऑफ़ सिंगापुर से एमटेक की उपाधि पायी।

कार्य व व्यवसाय : 2014 से सिंगापुर के गवर्नमेंट टेक्नोलॉजी एजेंसी, पब्लिक सर्विस में सीनियर प्रोजेक्ट मैनेजर के पद पर कार्यरत। फ्रांसीसी खेल पेतांक (Pétanque) के खिलाड़ी भी हैं और दक्षिण-पूर्व एशियाई खेलों (2015) और एशियन बीच गेम्स (2017) में सिंगापुर का प्रतिनिधित्व किया है।

प्रकाशन : 2020 में अपने पिता के साथ 'मेरी अनुभूतियाँ' नामक एक संयुक्त पुस्तक का प्रकाशन, 2023 में 'देखो मैं गाँव था' का प्रकाशन और कविता में अमेजॉन इंडिया हॉट रिलीज़ में नम्बर 1 और अमेजॉन कविता क्लासिक में नम्बर 7 पर पहुँचकर इस पुस्तक ने ख़ूब ख्याति बटोरी।

सम्पर्क : shanti.sg@gmail.com

शार्दुला झा नोगजा

जन्म व शिक्षा : बनकट्टा, मधुबनी, बिहार। परास्नातक–कम्प्यूटेशनल अभियान्त्रिकी, जर्मनी; स्नातक–इलेक्ट्रिकल अभियान्त्रिकी-ऑनर्स, कोटा, राजस्थान।

कार्य व व्यवसाय : 2005 से सिंगापुर में निवास, तेल एवं ऊर्जा सलाहकार के पद पर कार्यरत। 'कविताई' सिंगापुर की संस्थापक, 'विश्वरंग महोत्सव'–2020 की सिंगापुर फ़ेस्टिवल डायरेक्टर, 'कविता की पाठशाला' की सह-संचालक, व 'हिन्दी से प्यार है' की कोर टीम सदस्य, एशिया प्रशान्त में WomenInSTEM लीडर, मेंटर।

प्रकाशन : प्रतिष्ठित वैश्विक संकलनों में कविताएँ शामिल। सभी प्रतिष्ठित वेवसाइट्स–'कविता कोश', 'काव्यालय', 'गीत-कविता', 'इलेक्ट्रॉनिकी', 'अनुभूति', 'हिन्दी समय', 'प्रतिलिपि', 'साहित्यकुंज', 'द्रशिवाना साहित्यिकी', कॉलम 'शार्दुला की क़लम से' यह कविताएँ। **सह-सम्पादन :** 'राम काव्य पीयूष', 'कृष्ण काव्य पीयूष'।

सम्पर्क : shardula.nogaja@gmail.com

शीतल जैन

उपनाम : 'अहमक लड़की'

जन्म व शिक्षा : हिन्दी में स्नातक, अंग्रेज़ी और कम्प्यूटर में स्नातकोत्तर और अंग्रेज़ी साहित्य में एम.फ़िल।

कार्य व व्यवसाय : 2006 से अनुवाद और एडवरटाइजिंग के क्षेत्र में अपनी सेवाएँ दे रही हैं। वर्तमान में भाषा प्रबन्धक के रूप में एक बहुराष्ट्रीय कम्पनी में सिंगापुर में कार्यरत। सिंगापुर के प्रथम हिन्दी टोस्ट मास्टर्स क्लब की चार्टेड मेम्बर और वाइस प्रेसिडेंट रह चुकी हैं। इसके साथ ही मालवा कल्चरल असोसिएशन, सिंगापुर में संस्कृति प्रभारी।

प्रकाशन : साझा काव्य-संग्रह : 'सिंगापुर के नवरस', 'कृष्ण काव्य पीयूष' और 'हाइकू दर्पण'। इसके अलावा वेबसाइट, फ़ेसबुक ब्लॉग 'अहमक लड़की,' 'सिंगापुर संगम', 'स्टोरी मिरर' और 'अमर उजाला काव्य' में रचनाएँ प्रकाशित।

सम्पर्क : sheetal9jun@gmail.com

स्मिता विवेक कुँवर

जन्म : प्रयागराज उत्तर प्रदेश में जन्म।

कार्य व व्यवसाय : सिंगापुर में विगत 17 साल (2005) से निवास, ई-कॉमर्स उद्योग में वूमेन एंत्रेप्रेन्योर, साहित्यिक रुझान पढ़ने से अधिक बढ़ा और लेखन की ओर झुकाव हुआ।

सम्पर्क : smitavkunwar@gmail.com

डॉ. स्मिता सिंह

जन्म व शिक्षा : एम.एससी., पीएच.डी. मगध विश्वविद्यालय, पटना से डिग्री (पर्यावरण विज्ञान) और पर्यावरण प्रबन्धन में डिप्लोमा और चेन्नई से आईएसओ 14000।

कार्य व व्यवसाय : पेशे से व्याख्याता और पसन्द से लेखक हैं। सिंगापुर में जेम्सकुक विश्वविद्यालय और भारत में प्रौद्योगिकी और विज्ञान संस्थान के लिए व्याख्याता के रूप में काम किया है। पर्यावरण पेशे के रूप में अपने 15 वर्षों के दौरान, उन्होंने लगातार अग्रणी कम्पनियों और विश्वविद्यालयों के लिए विभिन्न परियोजनाओं पर काम किया। वे स्वास्थ्य और सामुदायिक देखभाल (एकीकृत स्वास्थ्य प्रबन्धन) के लिए प्रमाणित प्रशिक्षक हैं।

सम्पर्क : smithaenviro@hotmail.com

डॉ. संध्या सिंह

जन्म व शिक्षा : वाराणसी में जन्म। बनारस हिन्दू विश्वविद्यालय भारत से पीएच.डी. की उपाधि।

कार्य व व्यवसाय : वर्तमान में हिन्दी व तमिल भाषा विभागाध्यक्ष, नेशनल यूनिवर्सिटी ऑफ़ सिंगापुर, अध्यक्ष : संगम सिंगापुर हिन्दी संस्था; सम्पादक : 'सिंगापुर संगम' हिन्दी पत्रिका प्रबन्धन समिति–उप सचिव–हिन्दी सोसाइटी, सिंगापुर विश्वविद्यालय व शैक्षणिक संस्थानों के लिए पाठ्यक्रम-निर्माण, विभिन्न संस्थाओं से सम्बद्ध आदि।

प्रकाशन : प्रकाशित–विदेशियों को हिन्दी भाषा सिखाने से सम्बन्धित दो पुस्तकें सिंगापुर से प्रकाशित–'एन इंट्रोडक्शन टू हिन्दी-एलीमेंट्री' और 'एडवांस लेवल', 'सिंगापुर में भारत' (विशेष सन्दर्भ उत्तर भारत) केन्द्रीय हिन्दी संस्था आगरा से प्रकाशित; सम्पादन–'सिंगापुर की चयनित रचनाएँ'।

सम्पर्क : sandhyasingh077@gmail.com

साक्षी प्रद्युम्न

जन्म व शिक्षा : उत्तर प्रदेश में जन्म। लखनऊ से माध्यमिक शिक्षा, नेशनल यूनिवर्सिटी ऑफ़ सिंगापुर में कम्प्यूटर साइंस (ऑनर्स) की शिक्षा।

कार्य व व्यवसाय : सिंगापुर की एक प्रतिष्ठित कम्पनी में कार्यरत साक्षी अनेक शैक्षिक पुरस्कारों से सम्मानित हुए हैं एवं राष्ट्रीय स्तर के शतरंज, टेनिस तथा स्क्वाश के खिलाड़ी रहे हैं। साक्षी साहित्य के अलावा संगीत और मंच-संचालन में रुचि रखते हैं।

प्रकाशन : साक्षी ने अनेक जर्नल में अंग्रेज़ी और हिन्दी में आलेख लिखे हैं। 'सिंगापुर संगम', 'गर्भनाल' आदि कई पत्रिकाओं में हिन्दी रचनाएँ प्रकाशित हुई हैं। आप निजी ब्लॉग भी लिखते हैं। **सम्पर्क :** sakshipradyumn@gmail.com

सुषमा श्रीवास्तव

जन्म व शिक्षा : हाथरस, उत्तर प्रदेश में जन्म। दयालबाग़ एजुकेशनल इंस्टीट्यूट आगरा से एम.ए., एम.एड.।

कार्य व व्यवसाय : नयी दिल्ली, बग़दाद एवं सिंगापुर में अध्यापन-कार्य, हिन्दी सोसायटी, सिंगापुर की विद्यालय पत्रिका का सम्पादन, लघु नाटकों, नृत्य-नाटिकाओं का लेखन व मंचन।

प्रकाशन : 'हिन्दी चेतना', 'अनुभूति', 'साहित्य कुंज', 'गर्भनाल' पत्रिकाओं में लेख और कविता प्रकाशित। ग्लोबल हिन्दी फ़ाउंडेशन की ओर से 'प्रेरणा अवार्ड' से सम्मानित। 'कविताई' द्वारा आयोजित ऑनलाइन कवि सम्मेलनों में भागीदारी।

सम्पर्क : sushma2058@gmail.com

हर्षवर्धन गोयल

कार्य व व्यवसाय : इंफ़ॉर्मेशन टेक्नोलॉजी के क्षेत्र में एक दशक से अधिक समय से सिंगापुर में कार्यरत। सिंगापुर में हिन्दी परिवार सिंगापुर के संस्थापक अध्यक्ष रहे हैं। हिन्दी परिवार, सिंगापुर की त्रैमासिक पत्रिका के सम्पादन में भी विशेष भूमिका, टोस्टमास्टर में हिन्दी का पदार्पण, अंग्रेज़ी सामग्री का हिन्दी भाषा में अनुवाद। **प्रकाशन :** जीवन के सुहावने पलों पर आधारित संस्मरिका 'स्मृति के पदचिह्न' प्रकाशित। 'पतंजलि योगशास्त्र' और 'केनोपनिषद्' का अंग्रेज़ी अनुवाद और कविताएँ तथा कहानियाँ विभिन्न पत्रिकाओं में प्रकाशित।

सम्पर्क : harshgoel2k@rediffmail.com

सम्पादक-परिचय

चित्रा गुप्ता

चित्रा गुप्ता लेखन और अध्यापन में गहन रुचि रखती हैं। इन्होंने मेरठ (उत्तर प्रदेश) विश्वविद्यालय से हिन्दी में स्नातकोत्तर शिक्षा प्राप्त कर रघुनाथ गर्ल्स कॉलेज, मेरठ में प्रवक्ता के पद पर काम किया। लेखन का गहन शौक़ इन्हें किशोरावस्था से रहा। ये कविता, कहानी और लेख अनेक विधाओं में लिखती हैं। 1994 से सिंगापुर में हिन्दी सोसाइटी, डी.पी.एस., सिंगापुर तथा सिंगापुर स्कूल ऑफ़ द आर्ट्स में क्रमशः अध्यापन कार्य किया। स्थानीय पाठ्यक्रम से सम्बन्धित सामग्री बनायी। अध्यापन और लेखन के साथ बुज़ुर्गों की योग और हास्य योग की कक्षाएँ चलाती हैं। सम्प्रति www.funhindi.me के द्वारा ऑनलाइन अध्यापन करती हैं। ग्लोबल हिन्दी फ़ाउंडेशन, सिंगापुर की मार्गदर्शिका हैं। उसके तहत होने वाली काव्य-गोष्ठियों का संचालन और कविता-पाठ दोनों करती हैं। देश-विदेश की काव्य-गोष्ठियों में कविता-पाठ करती हैं तथा मंच संचालन करती हैं। पेंटिंग करने का शौक़ है। सिंगापुर में शिंज़ प्रोडक्शन के अन्तर्गत शॉर्ट फ़िल्म और सीरियल 'सास बहू सैंडविच'–भाग 2, 'रेड स्कार्फ', 'लल्ला लल्ला लोरी' और 'रीचिंग टू द स्टार्स' (इंग्लिश मूवी) में काम किया। ये भजन लिखतीं और उन्हें स्वर देती हैं। सिंगापुर टोस्ट मास्टर्स में अनेक विषयों पर सम्भाषण दिये और पुरस्कृत भी हुईं। सिंगापुर की स्थायी निवासिनी हैं। स्वयं को गृहिणी कहलाना पसन्द करती हैं।

इनका मानना है हिन्दी भाषा के उत्थान और प्रसार के लिए क्लिष्ट भाषा का प्रयोग नहीं करना चाहिए। इनकी रचनाओं के विषयों से पाठक सहजता से तादात्म्य स्थापित कर लेते हैं। "अरे! यह तो हमारे मन की बात ही लिख दी आपने...हाँ, बिल्कुल ऐसा ही हमारे साथ हुआ..." तब ये अपने लेखन को सफल मानती हैं।

साहित्यिक गतिविधियाँ और प्रकाशन : प्रमुख भारतीय पत्रिकाओं... 'बालभारती', 'गर्भनाल', 'प्रतिलिपि', 'सेतु', 'रचनाकार' और 'अमर उजाला' में कहानियाँ और कविताएँ प्रकाशित हुई हैं। फ़ेसबुक पर 'रचना पोयट्री ग्रुप' 'काव्य स्पंदन पत्रिका' में कविताएँ प्रकाशित। सिंगापुर की 'पल्लवन', सिंगापुर संगम, 'भारत-भारती' (पश्चिमी ऑस्ट्रेलिया) पत्रिका में भी लेख, कविता और कहानी प्रकाशित; समीक्षा : एक उपन्यास की प्रूफ़ रीडिंग की और समीक्षा लिखी; साझा संग्रह : 'कुछ सुनी कुछ अनसुनी', 'राम काव्य पीयूष', 'कृष्णकाव्य पीयूष', 'परिवार साहित्य-संग्रह', 'हाइकु दर्पण' (कविता-संग्रह); 'किलकारी' (बाल कहानियाँ); 'सिंगापुर नवरस'–नौ कवि नौ रस ग्लोबल हिन्दी फ़ाउंडेशन सिंगापुर के तत्वाधान से सिंगापुर की प्रथम काव्य-पुस्तिका का सम्पादन किया। उसमें इनकी कविताएँ भी संलग्न हैं। सिंगापुर में होने वाली प्रतियोगिताओं में तथा प्रवासी भारतीय दिवस पर सिंगापुर में होने वाली निबन्ध-प्रतियोगिता में निर्णायक रहीं। इन्होंने 2020 में होने वाले 'विश्वरंग' में पैनल डिस्कशन में प्रमुख भूमिका निभायी। काव्यात्रा (कविता-संग्रह); 'राम हाइकू पीयूष' (सम्पादक मण्डल में); समन्दर पार इन्द्रधनुष (साझा कविता-संग्रह); तीन साझा संग्रह प्रकाशनाधीन।

डॉ. संध्या सिंह

- वाराणसी, भारत में जन्म।
- बनारस हिन्दू विश्वविद्यालय से पीएच.डी. की उपाधि।
- 28 वर्षों से सिंगापुर में निवास।
- दक्षिण-पूर्व एशिया में भारतीय डायस्पोरा, हिन्दी शिक्षण, हिन्दी और भोजपुरी भाषा विषयों पर शोध-कार्य जारी।
- 2024 में सिंगापुर में भारत सरकार, भारतीय उच्चायोग, सिंगापुर और नेशनल यूनिवर्सिटी ऑफ़ सिंगापुर द्वारा आयोजित प्रथम अन्तरराष्ट्रीय क्षेत्रीय हिन्दी सम्मेलन की अध्यक्ष।
- हिन्दी सोसायटी सिंगापुर में अध्यापन, माध्यमिक विद्यालय प्रमुख, उप विभागाध्यक्ष का कार्य।
- एनपीएस इंटरनेशनल स्कूल, सिंगापुर में उच्चतर माध्यमिक कक्षाओं में अध्यापन, प्राथमिक से माध्यमिक कक्षाओं के लिए पाठ्यक्रम-निर्माण और संयोजन तथा आधुनिक भाषाओं की विभागाध्यक्ष के रूप में कार्य।
- नेशनल यूनिवर्सिटी ऑफ़ सिंगापुर (एन.यू.एस.) में अंशकालीन प्राध्यापक के रूप में कार्य।
- नानयांग टेक्नोलॉजिकल यूनिवर्सिटी (एन.टी.यू.) में पाठ्यक्रम-निर्माण, अंशकालीन हिन्दी समन्वयक और हिन्दी प्राध्यापक के रूप में कार्य।
- दिसम्बर 2015 से नेशनल यूनिवर्सिटी ऑफ़ सिंगापुर (एन.यू.एस.) में हिन्दी और तमिल विभाग प्रमुख के रूप में कार्य, वरिष्ठ हिन्दी प्राध्यापक के रूप में कार्य।
- विदेशियों को हिन्दी भाषा सिखाने सम्बन्धी दो पुस्तकों की रचना और सिंगापुर से प्रकाशन : 'एन इंट्रोडक्शन टू हिन्दी-एलिमेंट्री लेवल', 'एन इंट्रोडक्शन टू हिन्दी-इंटरमीडिएट लेवल'।
- 'सिंगापुर में भारत (विशेष सन्दर्भ उत्तर भारत)' पुस्तक केन्द्रीय हिन्दी संस्थान, आगरा से प्रकाशित।
- सिंगापुर की चयनित रचनाएँ–सम्पादित, आईसेक्ट पब्लिकेशन, भारत।

- विभिन्न पत्र-पत्रिकाओं में आलेख, डायरी, संस्मरण, रेखाचित्र, पुस्तक-अंश, शोध-पत्र आदि प्रकाशित।
- सिंगापुर, यूरोप, लन्दन, मॉरीशस, फ़ीजी, भारत आदि विभिन्न देशों में शोध पत्र प्रस्तुत।
- 2018 में ग्यारहवें विश्व हिन्दी सम्मेलन, 2020 में फ़ीजी क्षेत्रीय हिन्दी सम्मेलन, 2023 में 12वें विश्व हिन्दी सम्मलेन में भारत सरकार द्वारा निमन्त्रण।
- 2019 में टैगोर विश्वविद्यालय, भोपाल द्वारा आयोजित 'विश्वरंग' कार्यक्रम में और 2020 में हंसराज कॉलेज, दिल्ली द्वारा विश्व हिन्दी दिवस सम्मेलन में निमन्त्रण।
- सिंगापुर में पंजीकृत और पहली हिन्दी पत्रिका (सन् 2018 से त्रैमासिक) 'सिंगापुर संगम' की संस्थापक और सम्पादक। www.singaporesangam.com
- सिंगापुर में पंजीकृत संस्था 'संगम सिंगापुर' की संस्थापक और अध्यक्ष– यह संस्था सिंगापुर में हिन्दी के प्रचार-प्रसार में कार्यरत है। इसके माध्यम से साहित्य, संस्कृति, भाषा, लोक-संस्कृति, कला आदि क्षेत्रों में समय-समय पर प्रतियोगिताएँ और कार्यक्रम आयोजित किये जाते हैं।
- सिंगापुर के स्थानीय विद्यालयों में हिन्दी शिक्षण का कार्य करने वाली संस्था 'हिन्दी सोसायटी सिंगापुर' की प्रबन्धन समिति में उपसचिव।
- 'नेशनल इंस्टीट्यूट ऑफ़ ओपन स्कूलिंग' (राष्ट्रीय मुक्त विद्यालयी शिक्षा संस्थान) के डायस्पोरा परामर्श मण्डल की सदस्य।
- 'हिन्दी साहित्य भारती', विदेश–सिंगापुर की अध्यक्ष
- केन्द्रीय हिन्दी संस्थान की पत्रिका 'प्रवासी जगत्' के परामर्श मण्डल-की सदस्य।
- 'विश्वरंग', भोपाल की सिंगापुर निदेशक।
- 'विश्व हिन्दी सम्मान'-12वाँ विश्व हिन्दी सम्मलेन (2023), फिजी-भारत सरकार।
- हिन्दी प्रचार-प्रसार में कार्य के लिए समय-समय पर विभिन्न सम्मानों से सम्मानित, यथा : 'हिन्दी गौरव सम्मान', 'हिन्दी सेवी सम्मान', 'प्रवासी साहित्य सम्मान', 'राष्ट्रीय शिक्षक सम्मान' आदि।

- सिंगापुर के विभिन्न मन्त्रालयों में हिन्दी से सम्बन्धित कार्यों में समय-समय पर सहयोग।
- भारतीय उच्चायोग सिंगापुर के सहयोग से सिंगापुर में विभिन्न सांस्कृतिक, साहित्यिक कार्यक्रम का आयोजन।
- संप्रति : वरिष्ठ हिन्दी प्राध्यापक और हिन्दी और तमिल भाषा विभाग प्रमुख, नेशनल यूनिवर्सिटी ऑफ़ सिंगापुर, सिंगापुर।
- **ईमेल** : sandhyasingh077@gmail.com

❑❑